Immobilie vererben und erben

Nachlass planen, Streit vermeiden, Steuern sparen

Unser Service für Sie

Wenn neue Gesetze und Verordnungen in Kraft treten oder sich zum Beispiel Förderbedingungen oder Leistungen ändern, finden Sie die wichtigsten Fakten in unserem Aktualisierungsservice zusammengefasst. Mit dem Klick auf **shop.verbraucherzentrale.de/aktuell** sind Sie dann ergänzend zu dieser Auflage des Buches auf dem neuesten Stand. Diesen Service bieten wir so lange, bis eine Neuauflage des Ratgebers erscheint, in der die Aktualisierungen bereits eingearbeitet sind. Wir empfehlen, Entscheidungen stets auf Grundlage aktueller Auflagen zu treffen.
Die lieferbaren aktuellen Titel finden Sie in unserem Shop:
shop.verbraucherzentrale.de

Immobilie vererben und erben

Nachlass planen, Streit vermeiden, Steuern sparen

DR. OTTO N. BRETZINGER

Verbraucherzentrale

17 Immobilie vererben – notwendige Vorüberlegungen

71 Übertragung der Immobilie durch Berliner Testament

Inhalt

127
Übertragung der Immobilie durch gesetzliche Erbfolge

155 Immobilie im Nachlass der Erbengemeinschaft

Inhalt

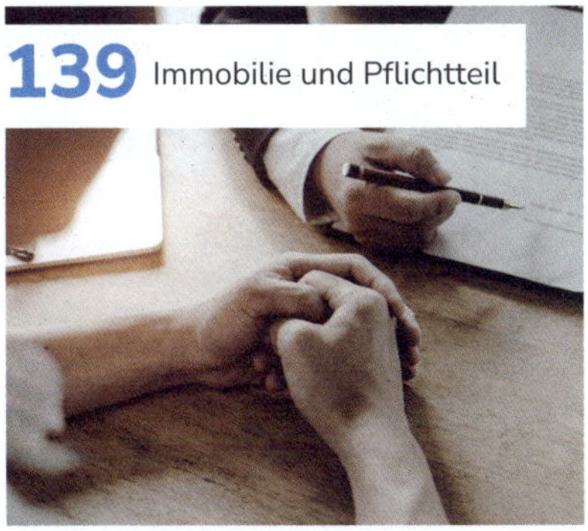

ERBSCHAFTS-
STEUER

Über dieses Buch

Immobilien spielen bei Erbschaften eine zentrale Rolle. Rund 54 Prozent der Erbfälle beinhalten Immobilien. Das sind rund 400.000 Objekte pro Jahr, knapp die Hälfte davon sind Einfamilienhäuser, etwa 10 Prozent Eigentumswohnungen, gefolgt von Zwei- und Mehrfamilienhäusern und Grundstücken. Immobilien erhöhen den Wert des vererbbaren Vermögens oder des Nachlasses nach dem Erbfall deutlich, nicht zuletzt, weil die Preise für Immobilien in den letzten Jahren deutlich gestiegen sind und durch eine Änderung der Immobilienbewertung die Erbschaftsteuer seit 2023 nach den aktuellen Verkehrswerten berechnet wird.

Dieser Ratgeber informiert Sie über die Zeit vor und nach dem Erbfall, wenn also eine Immobilie vererbt werden soll und wenn eine Immobilie Teil des Nachlasses ist.

Wichtigstes Ziel des Erblassers oder der Erblasserin – also der Person, die eine Immobilie vererben will – sollte es sein, Streit unter den Erbinnen und Erben zu vermeiden. Probleme entstehen insbesondere dann, wenn mehrere Erben vorhanden sind und eine Erbengemeinschaft bilden. In diesem Fall ist Streit unter den Erben häufig vorprogrammiert, weil die Miterben oft unterschiedliche Ziele verfolgen. Probleme kann es auch geben, wenn der Erblasser die Immobilie an einen Erben vererbt und dieser durch angeordnete Vermächtnisse zu Ausgleichszahlungen verpflichtet wird. Und auch wenn keine Ausgleichszahlungen angeordnet werden, kann der Alleinerbe oder die Alleinerbin einer Immobilie mit Pflichtteilsansprüchen seiner oder ihrer Kinder oder Geschwister konfrontiert werden, die häufiger zur Folge haben, dass er oder sie die Immobilie verkaufen muss, um die Geldansprüche zu befriedigen. Nicht selten werden Wohnimmobilien vom Erblasser oder von der Erblasserin durch testamentarische Anordnungen wie Nießbrauchs- oder Wohnungsrechtsvermächtnisse belastet, was in vielen Fällen ein Streitpotenzial zwischen dem oder der Berechtigten und dem Erben oder der Erbin birgt.

Viele Fragen und Probleme stellen sich auch nach Eintritt des Erbfalls, wenn sich eine Immobilie im Nachlass befindet. Wie beantrage ich einen Erbschein? Wie veranlasse ich die Umschreibung im Grundbuch? Ist die geerbte Immobilie mit Schulden belastet, müssen Sie als Erbe oder Erbin Ihre finanzielle Belastung klären. Sie müssen entscheiden, ob Sie die Immobilie selbst nutzen, sie vermieten oder verkaufen wollen. Wenn die geerbte Immobilie vermietet ist, müssen mietrechtliche Fragen geklärt werden. Bei Wohnungseigentum stellen sich besondere Fragen, zum Beispiel zur Höhe des Hausgelds, zu Hausverwaltung und Eigentümerversammlung. Vor allem wenn eine Erbengemeinschaft besteht, gibt es besonderen Klärungsbedarf. Weil eine Immobilie – anders als beispielsweise Kapitalvermögen – nicht real aufgeteilt werden kann, müssen die wesentlichen Entscheidungen von den Miterben einvernehmlich getroffen werden. Und das sorgt nicht selten für Streit. Am Ende geht es immer darum, im Rahmen einer Vereinbarung einvernehmliche Regelungen über die Nachlassteilung zu erreichen und eine sogenannte Teilungsversteigerung abzuwenden.

Dieser Ratgeber will Ihnen helfen, wenn Sie eine Immobilie als Teil Ihres Vermögens im Wege der Erbfolge übertragen wollen. Es werden Fallstricke aufgezeigt und viele Tipps und Ratschläge sollen Sie dabei unterstützen, Ihre Vorstellungen und Wünsche testamentarisch umzusetzen. Der Ratgeber will außerdem den Erbinnen und Erben einer Immobilie Hilfestellung bei den wesentlichen Fragen geben, mit denen sie mit dem Anfall der Erbschaft konfrontiert werden. Dazu gehören nicht zuletzt auch steuerliche Fragen, weil eine als Familienheim genutzte Immobilie unter bestimmten Voraussetzungen steuerfrei übertragen werden kann.

Die wichtigsten Fragen und Antworten

→ Wer seinen Nachlass regeln möchte und dabei auch eine Immobilie vererbt, steht vor vielen Fragen. Gleiches gilt für Erben, denen ein Haus, eine Wohnung oder ein Grundstück übertragen wird.

Zehn wichtige Fragen und Antworten haben wir hier knapp zusammengefasst – jeweils mit Seitenangaben, die zu den ausführlichen Erläuterungen im Buch führen. Dort können Sie Ihr Wissen rund ums Vererben und Erben einer Immobilie weiter vertiefen – auch anhand zahlreicher Beispiele, Tipps und Formulierungshilfen.

Wir wünschen Ihnen viel Erfolg.

verbraucherzentrale.de

Welche Möglichkeiten habe ich, eine Immobilie als Teil des Vermögens zu vererben?

Im Wege der Erbfolge kann eine Immobilie als Teil des Vermögens durch eine sogenannte Verfügung von Todes wegen oder im Rahmen der gesetzlichen Erbfolge übertragen werden. Eine Verfügung von Todes wegen kann ein Testament oder ein Erbvertrag sein. Eheleute können ein gemeinschaftliches Testament errichten und darin sowohl Verfügungen für den einen als auch für den anderen Ehepartner treffen. Eine besondere Form des gemeinschaftlichen Testaments ist das Berliner Testament. Darin kann der länger lebende Ehepartner als Alleinerbe eingesetzt und gleichzeitig ein zweiter Erbgang, die Erbfolge beim Tod des länger lebenden Partners, geregelt werden. Liegt keine Verfügung von Todes wegen vor, geht das Vermögen im Wege der gesetzlichen Erbfolge an die Erben über. → **Seite 24**

Kann ich eine Immobilie als Einzelvermögen vererben?

Eine Erbeinsetzung muss sich entweder auf den gesamten Nachlass oder auf einen Bruchteil (zum Beispiel ein Viertel) beziehen. Einzelne Vermögensgegenstände wie ein Grundstück, ein Haus oder eine Eigentumswohnung können nicht „vererbt“ werden. Bei der Erbeinsetzung gilt eine sogenannte Gesamtrechtsnachfolge, wenn der Erblasser stirbt. Seine Erben treten also in seine „rechtlichen Fußstapfen“ und damit in seine Rechtsstellung ein. Sie übernehmen alle Rechte und Pflichten, die mit dem Nachlass verbunden sind, einschließlich etwaiger Schulden. Die Gesamtrechtsnachfolge schließt die Möglichkeit aus, einzelne Vermögensgegenstände wie beispielsweise eine Immobilie gezielt zu vererben. Der Nachlass geht immer als Ganzes auf die Erben über. → **Seite 31**

Ich möchte mein Haus nur einem Erben direkt übertragen, geht das?

Mit einer Teilungsanordnung in Ihrer Verfügung von Todes wegen können Sie einem Erben oder einem Dritten einen einzelnen Vermögensgegenstand zuordnen und so die Verteilung des Nachlasses unter Ihren Erben steuern. Durch ein Grundstücksvermächtnis können Sie einem oder einer Begünstigten nach Eintritt des Erbfalls den Anspruch auf Übereignung einer Immobilie im Nachlass einräumen. Ordnen Sie ein entsprechendes Vermächtnis zugunsten eines Miterben an und wollen Sie damit diesem Miterben einen zusätzlich Vermögensvorteil gegenüber den anderen Erben einräumen, spricht man von einem Vorausvermächtnis. Durch eine Auflage können Sie Ihre Erben verpflichten, einem Begünstigten eine Immobilie im Nachlass zu übertragen. Es ist sinnvoll, durch die Anordnung einer Testamentsvollstreckung sicherzustellen, dass Ihre erbrechtlichen Verfügungen nach Ihrem Tod tatsächlich erfüllt werden. → Seite 31, 36

Welche Probleme kann es geben, wenn eine Immobilie im Nachlass an eine Erbengemeinschaft übertragen wird?

In der Praxis ist es eher die Ausnahme, dass eine Person Alleinerbe ist. Im Regelfall fällt der Nachlass an mehrere Erben, eine sogenannte Erbengemeinschaft. Die wesentlichen Fragen im Zusammenhang mit dem Nachlass können dann die Miterben einer Erbengemeinschaft nur gemeinschaftlich entscheiden. Vor allem bei einer Immobilie im Nachlass verfolgen die einzelnen Miterben aber häufig völlig unterschiedliche Interessen: Einer will selbst darin wohnen, die andere möchte die Immobilie vermieten, der dritte Miterbe verkaufen. Eine möchte die geerbte Immobilie modernisieren, der andere Miterbe lehnt es ab, in die Immobilie zu investieren. Solche Konflikte in der Erbengemeinschaft können nicht nur zu Streitigkeiten innerhalb der Familie führen, sie können auch für den Nachlass mit finanziellen Nachteilen verbunden sein. → Seite 155

Was ist mit den Pflichtteilsansprüchen von enterbten Familienangehörigen, wenn sich im Nachlass eine Immobilie befindet?

Kommt es im Erbrecht zu Streitigkeiten, so geht es sehr häufig um die Durchsetzung oder die Abwehr von Pflichtteilsansprüchen. Im Grunde geht es bei diesen Auseinandersetzungen darum, dass sich enterbte Familienangehörige gegenüber den Erben finanziell und emotional zurückgesetzt fühlen, weil sie von der Verwaltung und Verteilung des Nachlasses des oder der Verstorbenen ausgeschlossen werden. Pflichtteilsansprüche können aber den Erben in wirtschaftliche Schwierigkeiten bringen, so insbesondere dann, wenn der Nachlass im Wesentlichen aus einer Immobilie besteht und keine liquiden Mittel für die Erfüllung des Geldanspruchs des oder der Pflichtteilsberechtigten zur Verfügung stehen. Deshalb ist es wichtig, durch entsprechende testamentarische Gestaltungen die Erben vor Pflichtteilsansprüchen zu schützen. → Seite 139

Welche erbrechtlichen Vorkehrungen kann ich treffen, um Streit unter mehreren Erben zu vermeiden?

Konflikte innerhalb der Erbengemeinschaft können nicht nur zu Streitigkeiten innerhalb der Familie führen, sie können auch für den Nachlass finanzielle Nachteile haben. Um den Nachlass zu sichern und zu schützen, ist es sinnvoll, dass Sie als Erblasser oder Erblasserin entsprechende Vorkehrungen in Ihrem Testament oder im Erbvertrag treffen. Wenn sich die Bildung einer Erbengemeinschaft nicht verhindern lässt, sollten Sie erbrechtliche Anordnungen treffen, die eine spätere Aufteilung des Nachlasses erleichtern. Als Gestaltungsinstrumente stehen dafür insbesondere die Teilungsanordnung, das Teilungsverbot, das Vorausvermächtnis und die Auflage zur Verfügung. Mit der Anordnung der Testamentsvollstreckung können Sie jeweils sicherstellen, dass Ihre Anordnungen von Ihren Erben tatsächlich berücksichtigt werden.
→ Seite 97

Welche Risiken bestehen bei der Übertragung einer Immobilie an meinen Ehepartner durch ein Berliner Testament?

Das Berliner Testament weist eine Reihe von Schwachstellen auf, die bei der Nachlassplanung von Eheleuten unbedingt bedacht werden sollten. Einige dieser Schwachstellen können Sie durch entsprechende testamentarische Gestaltungen ausgleichen. Ein Problem des Berliner Testaments ist, dass der länger lebende Ehepartner an die wechselbezügliche Erbeinsetzung der Schlusserben (in der Regel der Kinder) nach dem Tod des erstversterbenden Partners gebunden ist. Weil beim ersten Erbfall die Kinder enterbt sind, können sie zudem vom länger lebenden Elternteil ihren Pflichtteil verlangen und so diesen möglicherweise in finanzielle Schwierigkeiten bringen. Insbesondere wenn eine Immobilie den wesentlichen Teil des Nachlasses darstellt, müsste der Ehepartner unter Umständen diese Immobilie verkaufen, um die Pflichtteilsansprüche der Kinder erfüllen zu können. → Seite 71

Wer entscheidet über Verwaltungsmaßnahmen bei einer Immobilie im Nachlass, wenn mehrere Erben vorhanden sind?

Maßnahmen der ordnungsmäßigen Verwaltung, also zur Erhaltung, Sicherung und Nutzung des Nachlasses wie beispielsweise Reparaturmaßnahmen an einem Haus im Nachlass, können mit einem einfachen Mehrheitsbeschluss der Erben durchgeführt werden, soweit sie aus Mitteln des Nachlasses beglichen werden können. Außerordentliche Verwaltungsmaßnahmen, durch die der Nachlass wesentlich verändert wird (zum Beispiel die umfangreiche Renovierung einer Immobilie), bedürfen der Zustimmung aller Miterben. Und unaufschiebbare Maßnahmen, die zur ordnungsgemäßen Verwaltung dringend erforderlich sind, um eine Beeinträchtigung des Nachlasses oder eines Nachlassgegenstands zu vermeiden (zum Beispiel Reparatur einer defekten Heizung in den Wintermonaten), kann jeder Miterbe im Rahmen einer Notgeschäftsführung allein veranlassen. → Seite 156

Was ist unter einer Teilungsversteigerung zu verstehen?

Eine Teilungsversteigerung in einer Erbengemeinschaft ist ein gerichtliches Verfahren, das durchgeführt wird, um eine Immobilie im Nachlass zu verkaufen, wenn sich die Miterben nicht über die Verteilung oder den Verkauf einigen können. In diesem Fall wird die Immobilie versteigert und der Versteigerungserlös kann unter den Miterben entsprechend ihren Erbteilen aufgeteilt werden. Die Erbengemeinschaft selbst bleibt allerdings bestehen. Ein Antrag auf Teilungsversteigerung kann von jedem Miterben formlos beim Amtsgericht gestellt werden. Eine Teilungsversteigerung sollte das letzte Mittel sein, wenn sich Miterben über die Verwendung einer Immobilie im Nachlass nicht einig sind. Sie führt oft dazu, dass die Immobilie unter Wert verkauft wird, da der Erlös meist niedriger ist als bei einem freihändigen Verkauf. → Seite 167

Kann eine Immobilie im Nachlass steuerfrei an die Erben übertragen werden?

Der Erwerb eines Familienheims von Todes wegen durch den länger lebenden Ehepartner ist von der Erbschaftsteuer befreit, wenn der Erblasser die Wohnung bis zu seinem Tod selbst zu Wohnzwecken als Familienheim genutzt hat und der Ehepartner die Wohnung unverzüglich nach dem Erwerb weiter zu Wohnzwecken benutzt. Wenn der länger lebende Ehepartner das Familienheim komplett steuerfrei erben will, muss er sie zehn Jahre lang selbst bewohnen, es sei denn, er ist aus zwingenden Gründen an der Eigennutzung gehindert. Auch die Kinder sind von der Erbschaftsteuer befreit, wenn sie die Wohnung des Erblassers nach dem Erwerb weiter zu Wohnzwecken nutzen. Die Steuerbefreiung gilt nur, wenn die Wohnfläche 200 Quadratmeter nicht übersteigt. Bei einer Überschreitung dieser Grenze wird der Freibetrag anteilig entsprechend der Wohnfläche gewährt. → Seite 173

92

Immobilie vererben – notwendige Vorüberlegungen

Wenn Sie eine Immobilie vererben wollen, sollten Sie sich rechtzeitig mit der Nachlassplanung, also mit Ihrer Vermögensnachfolge nach dem Tod, Ihren Vorstellungen und Wünschen und den verschiedenen erbrechtlichen Instrumenten befassen. Die Planung der Vermögensübertragung auf die nächste Generation sollten Sie als wichtigen Teil Ihrer privaten Finanzplanung betrachten.

Für Immobilieneigentümer oder -eigentümerinnen, die ihre Vermögensnachfolge nach ihrem Tod planen, ist nicht zuletzt ihre aktuelle Lebenssituation von Bedeutung. Bevor Sie also Entscheidungen treffen und sich daranmachen, diese in erbrechtliche Verfügungen umzusetzen, sollten Sie unter Beachtung Ihrer persönlichen Lebensumstände Ihre Vorstellungen für die Erbfolge klären.

Die richtige Strategie für Ihre persönliche Nachlassplanung

Zwar wird eine Wohnimmobilie häufig den größten Vermögenswert innerhalb Ihres Gesamtvermögens darstellen, unabhängig davon sollten Sie sich aber zunächst einen vollständigen Überblick über Ihr Vermögen verschaffen. Deshalb ist es ratsam, ein aktuelles Vermögensverzeichnis zu erstellen, in dem Sie alle Vermögensgegenstände auflisten.

Muster eines Vermögensverzeichnisses

STAND: ________ [DATUM EINTRAGEN]	WERT IN EURO
Aktiva	
Bargeld	
Guthaben auf Girokonten, Termin- und Festgeldkonten, Sparkonten, Sparverträgen, sonstigen Spareinlagen	
Wertpapiere	
Forderungen aus Versicherungsverträgen	
Forderungen aus Bausparverträgen	
Rechte und Ansprüche aus Erbschaften	
Rückständiges Arbeitseinkommen	
Aktien und sonstige Beteiligungen an Kapitalgesellschaften (zum Beispiel Aktiengesellschaft, Gesellschaft mit beschränkter Haftung)	
Beteiligungen an Personengesellschaften (zum Beispiel offene Handelsgesellschaft, Kommanditgesellschaft, Gesellschaft bürgerlichen Rechts)	
Beteiligungen an Genossenschaften (zum Beispiel an Genossenschaftsbanken)	
Grundvermögen (Grundstücke, Häuser, Eigentumswohnungen)	
Anteile an geschlossenen und offenen Immobilienfonds	
Kraftfahrzeuge	
Hausrat, sonstiges Mobiliar oder Wertgegenstände	
Rechte oder Ansprüche aus Urheber-, Patent- und Verlagsrechten	
Betriebsvermögen	
sonstiges Vermögen	
Summe Aktiva	

STAND: ________ [DATUM EINTRAGEN]	WERT IN EURO
Passiva	
Verbindlichkeiten auf Girokonten	
langfristige Bankschulden	
Verbindlichkeiten aus Bausparverträgen	
Verbindlichkeiten aus Kaufverträgen	
Mietschulden	
Steuerschulden	
rückständige Prämien aus Versicherungsverträgen	
sonstige Verbindlichkeiten gegenüber Dritten	
Summe Passiva	
Nachlasswert (Aktiva minus Passiva)	

Berücksichtigung Ihrer persönlichen Lebensumstände

Es liegt auf der Hand, dass viele Menschen Probleme haben, sich mit dem eigenen Tod auseinanderzusetzen. Das gilt nicht zuletzt für Immobilieneigentümer, die darüber nachdenken müssen, was nach ihrem Tod mit ihrer Immobilie geschehen soll. Oft ist die emotionale Bindung an die Immobilie eng, zum Beispiel, wenn die Immobilie seit Generationen in Familienbesitz ist und die Bausubstanz stets erhalten wurde, um sie an die nächste Generation zu übertragen. Oder wenn der Eigentümer oder die Eigentümerin das Haus oder die Eigentumswohnung erworben, über Jahrzehnte finanziert und sich das Geld – unter Umständen – „vom Mund abgespart“ hat. Als verhängnisvoller Fehler kann sich allerdings erweisen, wenn Sie die Erbfolge auf die lange Bank schieben. Ein Unfall oder eine schwere Krankheit kann Menschen in jedem Alter treffen. Vor allem bei älteren Menschen besteht zudem die Gefahr, dass eine Krankheit zur Testierunfähigkeit führen kann. Dann ist es für die Errichtung eines Testaments zu spät und die Erbfolge hängt – ob Sie als Erblasser oder Erblasserin das wollen oder nicht – allein vom Gesetz ab. Und vor allem bei komplizierten Familien- und/oder Vermögensverhältnissen werden Entscheidungen häufig vertagt, so beispielsweise bei einer Patchworkfamilie oder wenn die Wohnimmobilie den größten Vermögenswert darstellt und ein Vermögensausgleich unter mehreren Erben schwierig ist.

> **GUT ZU WISSEN**
>
> Begriffe rund ums Erben und Vererben, wie Erbfolge, Erblasser und viele mehr, werden im Lexikon am Ende dieses Kapitels erklärt.

Wenn Sie die Erbfolge nach Ihrem Tod planen, sollten Sie sich nicht darauf beschränken, an wen einzelne Vermögensgegenstände (zum Beispiel eine Immobilie) übergehen sollen. Ihr Ziel muss vielmehr ein Gesamtkonzept sein. Deshalb sollten Sie sich auf der Grundlage Ihrer Vermögensaufstellung zunächst mit Ihren persönlichen Lebensumständen befassen und sich über Ihre Wünsche und Vorstellungen bewusst werden. In diesem Zusammenhang sind insbesondere folgende Fragen relevant:

- Ihr Familienstand: Sind Sie ledig, verheiratet, geschieden oder verwitwet oder leben Sie in einer nicht ehelichen Lebensgemeinschaft?
- Wenn Sie verheiratet sind: In welchem Güterstand leben Sie: Zugewinngemeinschaft, Gütertrennung oder Gütergemeinschaft?
- Ist Ihre Ehe harmonisch, besteht eine Ehekrise oder sogar der Wunsch nach Scheidung?
- Sind Ihre Familienangehörigen verschuldet?
- Haben Sie eheliche und/oder nicht eheliche Kinder?
- Mit welchen Familienangehörigen verstehen Sie sich am besten?
- Mit welchen Familienangehörigen haben Sie persönliche Probleme?
- Versteht sich Ihr Ehepartner oder Ihre Ehepartnerin mit den Kindern?
- Kommen Ihre Kinder miteinander klar oder gibt es Probleme?
- Haben Ihre Kinder Eheprobleme?
- Können Ihre Familienangehörigen verantwortungsbewusst mit Vermögen umgehen?

> **ACHTUNG**
>
> Nicht selten wird die Vernunft der Erben überschätzt. „In meiner Familie kommen alle gut miteinander aus.“ Das ist die Aussage vieler Erblasser und Erblasserinnen. Es ist zwar schön, dass sich alle Familienmitglieder untereinander gut verstehen, aber verlassen sollten Sie sich darauf nicht. Denn kaum etwas entzweit Familien so zuverlässig wie Streitigkeiten ums Erbe. Deshalb sollten Sie sowohl sich selbst als auch Ihren Hinterbliebenen den Gefallen tun und Ihren Nachlass so genau wie möglich regeln.

Familienstand

Der Familienstand ist wichtig, wenn Sie Vermögen auf Ihren Partner oder Ihre Partnerin übertragen oder aber diese Person von der Erbfolge ausschließen wollen.

Wenn Sie ledig oder verwitwet sind, müssen Sie Ihre Vermögensnachfolge im Falle Ihres Todes durch ein Testament oder einen Erbvertrag regeln, falls Sie mit der gesetzlichen Erbfolge nicht einverstanden sind. Hier zunächst ein erster grober Überblick über die Regelungen der gesetzlichen Erbfolge:

Wenn Sie Kinder haben, erben diese zu gleichen Teilen. Sind keine Kinder vorhanden, sind Ihre Eltern gesetzliche Erben. Wenn ein Elternteil nicht mehr lebt, erben dessen Erbteil Ihre Geschwister. Wollen Sie eine vom Gesetz abweichende erbrechtliche Verfügung treffen, müssen Sie berücksichtigen, dass Ihren Kindern und unter Umständen auch Ihren Eltern ein Mindestanteil am Nachlass, der sogenannte Pflichtteil, zusteht. Auf den Pflichtteil gehen wir in einem späteren Kapitel näher ein.

> **ACHTUNG**
>
> Ist Ihr Ehepartner oder Ihre Ehepartnerin bereits verstorben und haben Sie mit ihm oder ihr ein gemeinschaftliches Testament errichtet, können Sie keine davon abweichenden Verfügungen mehr treffen. Sie sind an die wechselseitigen Verfügungen im gemeinschaftlichen Testament gebunden, es sei denn, Sie haben seinerzeit die Erbschaft ausgeschlagen (→ Seite 63).

Sind Sie verheiratet, steht Ihrem Ehepartner oder Ihrer Ehepartnerin der gesetzliche Erbteil zu. Sind gemeinsame Kinder vorhanden, erbt der länger lebende Ehepartner neben den Kindern. Für den Anteil Ihres Ehepartners oder Ihrer Ehepartnerin am Nachlass ist der Güterstand maßgebend, in dem Sie mit ihm oder ihr leben. Leben

Sie in Ihrer Ehe im gesetzlichen Güterstand der Zugewinngemeinschaft, erhöht sich der gesetzliche Erbteil Ihres Ehepartners oder Ihrer Ehepartnerin als pauschaler Zugewinnausgleich um ein Viertel. Wollen Sie Ihren Ehepartner oder ein Kind enterben oder andere als die gesetzlich vorgesehenen Erbteile festlegen, müssen Sie Pflichtteilsansprüche des Ehepartners und der Kinder berücksichtigen.

Sind Sie geschieden, ist Ihr Ex-Mann oder Ihre Ex-Frau von der gesetzlichen Erbfolge ausgeschlossen. Regelmäßig ist auch ein gemeinschaftliches Testament, das Sie vor der Scheidung errichtet haben, unwirksam.

Leben Sie von Ihrem Ehepartner getrennt, steht diesem in der Trennungsphase immer noch das gesetzliche Erbrecht zu. Wollen Sie das verhindern, müssen Sie ihn durch ein Testament enterben.

Der nicht eheliche Lebenspartner ist nur dann Erbe seines verstorbenen Partners, wenn er durch Testament oder einen Erbvertrag als Erbe eingesetzt ist. Andernfalls geht das Gesetz davon aus, dass der Erblasser sein Vermögen an seine nächsten Verwandten übertragen will. Durch ein Testament oder einen Erbvertrag kann der nicht eheliche Partner als Erbe eingesetzt werden oder es kann ihm durch entsprechende testamentarische Verfügung auch ein Anspruch auf eine Zuwendung in Form eines Vermächtnisses eingeräumt werden.

Auf alle diese Aspekte gehen wir später genauer ein.

Kinder

Wenn Sie Kinder haben, steht diesen ein gesetzliches Erbrecht zu. Sind mehrere Kinder vorhanden, erben sie zu gleichen Teilen. Wollen Sie ein Kind enterben oder andere als die gesetzlichen Erbteile festlegen, müssen Sie ein Testament verfassen. Dabei müssen Sie berücksichtigen, dass einem Kind der sogenannte Pflichtteil zusteht, den Sie nur unter engen Voraussetzungen entziehen können (dazu später mehr).

Auch nicht eheliche Kinder gehören zu den gesetzlichen Erben. Für das Erbrecht von Adoptivkindern muss unterschieden werden, ob eine minderjährige oder volljährige Person adoptiert wurde.

Komplizierte Beziehungen unter den Familienangehörigen

Wenn sich ein Ehepartner mit den Kindern oder Kinder untereinander nicht verstehen, macht es wenig Sinn, dass Ihr Nachlass im Wege der gesetzlichen Erbfolge an mehrere Erben übergeht oder dass Sie testamentarisch mehrere Erben bestimmen. In beiden Fällen entsteht eine sogenannte Erbengemeinschaft. Und dann sind Konflikte vorprogrammiert. Wer bekommt was und vor allem wie viel von was? Muss verkauft, geteilt oder ausbezahlt werden? Besonders problematisch wird es, wenn unteilbare Nachlassgegenstände wie eine Immobilie an mehrere Miterben vererbt werden. Alle haben dann das gleiche Recht auf die ganze Immobilie. Kein Miterbe darf in einem solchen Fall ohne Zustimmung aller Miterben in der Immobilie wohnen oder diese veräußern. Und bis es zu einer möglichen Teilung des Nachlasses kommt, müssen alle den Nachlass gemeinschaftlich verwalten, und hier beginnen bereits die ersten Probleme. In vielen Fällen bleibt den Beteiligten nur der Gang vor die Gerichte, der viel Geld und noch mehr Nerven kostet und trotzdem nicht zum gewünschten Erfolg führt.

Verschuldete Erben

Wenn einer verschuldeten Person (zum Beispiel dem Ehepartner oder einem Kind) zu Lebzeiten oder durch Testament Vermögen übertragen werden soll, führt das zu Problemen. Es macht nämlich wenig Sinn, eine Immobilie im Wege der Erbfolge auf eine verschuldete Person zu übertragen, wenn dann deren Gläubiger sofort auf dieses Vermögen zugreifen können. Im Wesentlichen geht es also darum, die Zuwendungen auf pfändungsfreie Vermögenswerte zu beschränken und bei Geldzuwendungen die Pfändungsfreigrenzen zu beachten.

Pflegebedürftige Erben

Auch für pflegebedürftige Erben sollten Sie besondere Vorsorge treffen. Trotz Pflegeversicherung müssen pflegebedürftige Personen bei den Pflegeheim- und Pflegekosten häufig zuzahlen. Schutzbedürftig sind vor allem behinderte Kinder, die nach dem Tod der Eltern versorgt werden müssen. Probleme ergeben sich in diesen Fällen dann, wenn die im Rahmen der Pflege- und Betreuungsbedürftigkeit erforderlichen Aufwendungen mangels eigener Einkünfte vom Sozialamt oder von der Grundsicherung übernommen werden.

Eine pflegebedürftige Person muss grundsätzlich ihr eigenes Vermögen einsetzen, um die Lebenshaltungskosten, die Betreuungskosten oder die Kosten für eine Heimunterbringung zu bestreiten. Neben dem Einsatz des Einkommens wird von einer pflegebedürftigen Person verlangt, dass sie grundsätzlich ihr Vermögen verbraucht oder veräußert, bevor sie Sozialhilfe beanspruchen kann. Alles übrige Vermögen der hilfebedürftigen Person, also auch ihre Erbschaft, wandert zur Finanzierung der Sozialhilfe an den Sozialhilfeträger. Erbt also eine pflegebedürftige Person eine Immobilie, kann das Sozialamt deren Verwertung zur Finanzierung der Pflegekosten verlangen, wenn das Vermögen einschließlich der Immobilie nicht ausreicht, um die Kosten zu tragen. Das Sozialamt kann unter Umständen sogar die Zwangsversteigerung der Immobilie betreiben, wenn die Pflegekosten anders nicht gedeckt werden können. Die Haftung der pflegebedürftigen Person für die entstehenden Pflegekosten (insbesondere bei Unterbringung im Pflegeheim) und die Möglichkeit des Sozialamts, auf das Vermögen dieser Person sogar zwangsweise zuzugreifen, kann dann innerhalb kürzester Zeit zum gesamten Verbrauch der Erbschaft führen.

→ **TIPP**

Soll eine behinderte oder pflegebedürftige Person finanziell versorgt werden, sind besondere erbrechtliche Gestaltungen gefragt. Lassen Sie sich dazu auf jeden Fall durch einen Notar oder einen fachkundigen Anwalt beraten.

Übertragung der Immobilie im Wege der Erbfolge

Im Wege der Erbfolge können Sie als Erblasser oder Erblasserin eine Immobilie als alleiniges Vermögen oder als Teil des Vermögens durch eine sogenannte Verfügung von Todes wegen oder im Rahmen der gesetzlichen Erbfolge übertragen.

Übertragung der Immobilie durch Verfügung von Todes wegen

Um die Nachlassplanung nach eigenen Vorstellungen zu gestalten, gibt es verschiedene Instrumente der Vermögensübertragung, die sogenannten Verfügungen von Todes wegen. In Betracht kommen das Testament – mit der Besonderheit des gemeinschaftlichen Testaments – und der Erbvertrag. Andere erbrechtliche Instrumente, die Vermögensnachfolge nach dem Tod erbrechtlich zu regeln, gibt es nicht.

Testament

Das Testament ist eine einseitige Verfügung von Todes wegen, die vom Erblasser oder von der Erblasserin jederzeit widerrufen werden kann. Er oder sie kann bestimmen, wer die Erben sein sollen, er oder sie kann einzelne Nachlassgegenstände in Form von Vermächtnissen zuwenden oder Verpflichtungen in Form von Auflagen anordnen. Wenn mehrere Erben vorhanden sind, kann er oder sie Anordnungen über die Aufteilung des Nachlasses treffen. Und der Erblasser oder die Erblasserin kann durch die Anordnung einer Testamentsvollstreckung sicherstellen, dass seine oder ihre testamentarischen Verfügungen korrekt ausgeführt werden.

Erbvertrag

Die Erbfolge kann auch durch einen Erbvertrag geregelt werden. Darin treffen entweder beide Vertragsparteien oder nur ein Vertragspartner eine erbrechtliche Verfügung mit vertraglicher Bindung, zum Beispiel, dass sie sich gegenseitig als Erben einsetzen. Während testamentarische Verfügungen grundsätzlich jederzeit widerrufen werden können, sind vertragsmäßige Verfügungen in einem Erbvertrag grundsätzlich unwiderruflich.

Gemeinschaftliches Testament der Ehepartner

Das gemeinschaftliche Testament ist eine Zwischenform zwischen einem Testament und einem Erbvertrag. Es kann nur von Eheleuten aufgesetzt werden. In einem gemeinschaftlichen Testament können sie Anordnungen sowohl für den Tod des einen wie für den Tod des anderen Ehepartners treffen. Diese sogenannten wechselbezüglichen Verfügungen stehen in einem Gegenseitigkeitsverhältnis zueinander, sodass die Eheleute im Gegensatz zum Testament besondere Bestimmungen für den Widerruf berücksichtigen müssen. Die Bindungen sind ähnlich wie beim Erbvertrag, allerdings besteht beim gemeinschaftlichen Testament die grundsätzliche Möglichkeit, sich auch einseitig von der gemeinsamen Verfügung zu lösen.

Berliner Testament der Ehepartner

Eine besondere Form des gemeinschaftlichen Testaments ist das sogenannte Berliner Testament. Darin setzen sich beide Eheleute wechselseitig zu Alleinerben ein und verfügen, dass nach dem Tod des oder der länger Lebenden der beiderseitige Nachlass an einen Dritten, in der Regel an die gemeinsamen Kinder, übergeht. Testamentarisch werden somit zwei Erbgänge geregelt: die Erbfolge nach dem Tod des erstversterbenden Ehepartners an den länger lebenden Ehepartner und die Erbfolge nach dem Tod des länger lebenden Ehepartners an die Kinder.

Übertragung der Immobilie durch gesetzliche Erbfolge

Eine Immobilie als alleiniges Vermögen des Erblassers oder der Erblasserin oder als Teil des Vermögens kann an die Erben auch im Wege der gesetzlichen Erbfolge übertragen werden. In diesem Fall bestimmt

> **ACHTUNG**
>
> Schon an dieser Stelle sei darauf hingewiesen, dass sich eine Erbeinsetzung – also ein Testament oder ein Erbvertrag – entweder auf den gesamten Nachlass oder auf einen Bruchteil (zum Beispiel ein Viertel) beziehen muss. Einzelne Vermögensgegenstände des Erblassers wie insbesondere eine Immobilie können auf diese Weise nicht „vererbt" werden. Bei der Erbeinsetzung gilt eine sogenannte Gesamtrechtsnachfolge, wenn der Erblasser oder die Erblasserin verstirbt. Der Erbe oder die Erbin tritt also in die „rechtlichen Fußstapfen" des oder der Verstorbenen ein. Er oder sie erbt grundsätzlich seine oder ihre Rechte und Pflichten. Der Erbe oder die Erbin hat auch etwa bestehende Verbindlichkeiten des Erblassers oder der Erblasserin zu erfüllen. Durch eine sogenannte Teilungsanordnung können Sie allerdings testamentarisch festlegen, wie die Erben den Nachlass untereinander aufzuteilen haben. Möglich ist es auch, durch ein sogenanntes Vermächtnis einem Miterben, einer Miterbin oder einer anderen begünstigten Person einen Anspruch auf eine im Nachlass befindliche Immobilie einzuräumen.

beim Tod einer Person das Gesetz deren Erben. Gesetzliche Erbfolge kann aus mehreren Gründen eintreten, so wenn

- → die Erblasserin oder der Erblasser keine Verfügung von Todes wegen (Testament oder Erbvertrag) errichtet hat,
- → eine erfolgte Erbeinsetzung unwirksam ist (zum Beispiel, weil das Testament wegen Formmangels nichtig ist),
- → die von der Erblasserin oder vom Erblasser errichtete Verfügung von Todes wegen nur einen Teil ihres oder seines Nachlasses erfasst,
- → der durch Verfügung von Todes wegen eingesetzte Erbe die Erbschaft ausschlägt oder
- → die Erbeinsetzung erfolgreich angefochten wurde.

Wenn der Erblasser weder ein Testament errichtet noch einen Erbvertrag abgeschlossen hat, geht das Gesetz davon aus, dass er sein Vermögen an seine nächsten Verwandten und gegebenenfalls an seinen Ehepartner übertragen will (→ Seite 127).

Kleines Lexikon der Nachlassplanung

Bevor Sie sich eingehender mit Ihrer Nachlassplanung beschäftigen, sollten Sie sich zunächst mit den wichtigsten erbrechtlichen Begriffen vertraut machen. Mit den nachfolgenden Begriffen werden Sie im Rahmen Ihrer Nachlassplanung häufig konfrontiert:

Ein **Abkömmling** ist ein Nachkomme des Erblassers, also sein Kind, Enkel, Urenkel usw.

Eine **Auflage** ist eine Pflicht, die im Testament dem Erben oder dem Vermächtnisnehmer auferlegt wird. Die Pflicht führt dazu, dass eine bestimmte Handlung oder Leistung verlangt wird, ohne dass dadurch jemand anderem ein Rechtsanspruch auf diese Leistung eingeräumt wird. Mit einer Auflage soll der oder die Beschwerte (siehe unten), dem oder der die Verpflichtung auferlegt wurde, zu einem bestimmten Verhalten gebracht oder eine andere Person begünstigt werden. Eine Auflage kann den Beschwerten oder die Beschwerte zum Beispiel verpflichten, die Beerdigung durchzuführen oder sich um ein Haustier zu kümmern.

Ein **Berliner Testament** ist ein gemeinschaftliches Testament, in dem sich beide Eheleute wechselseitig zu Erben einsetzen und gleichzeitig verfügen, dass nach dem Tod des oder der länger Lebenden der beiderseitige Nachlass an einen Dritten, in der Regel an das Kind oder die Kinder, fallen soll. Mit dem Tod des erstversterbenden Ehepartners geht dessen Vermögen in das des länger lebenden Partners über. Nach dessen Tod geht sein Vermögen, zu dem auch der Nachlass des Erstverstorbenen gehört, als einheitlicher Nachlass auf die Schlusserben über.

Ein **Beschwerter** oder eine Beschwerte ist eine Person, die eine Last oder Verpflichtung aus einem Testament erfüllen muss. Beschwerte können die Erben sein, die aufgrund eines Vermächtnisses oder einer Auflage etwas an Dritte abgeben oder eine andere Leistung erbringen müssen.

Ein **eigenhändiges Testament** ist ein handschriftlich verfasstes und unterschriebenes Testament. Die gesamte Testamentserklärung muss vom Erblasser oder von der Erblasserin selbst mit der Hand geschrieben sein.

Enterbung ist der Ausschluss einer oder eines Verwandten oder des Ehepartners von der gesetzlichen Erbfolge durch ein Testament oder einen Erbvertrag.

Ein **Erbe** oder eine Erbin ist die Person, auf die das Vermögen des Erblassers oder der Erblasserin im Erbfall als Ganzes übergeht. Der Erbe oder die Erbin ist Gesamtrechtsnachfolger; das bedeutet, dass er oder sie kraft Gesetzes in die „rechtlichen

Fußstapfen“ des Erblassers oder der Erblasserin eintritt, also dessen oder deren Rechte und Pflichten übernimmt.

Eine **Erbeinsetzung** ist die Bestimmung eines oder mehrerer Erben durch Testament oder Erbvertrag, abweichend von der gesetzlichen Erbfolge.

Ein **Erbfall** ist der Tod der Erblasserin oder des Erblassers.

Erbfolge bezeichnet den Übergang der Rechte und Pflichten des Verstorbenen (Erblasser) auf seine Erben. Seine Rechtsnachfolge kann der Erblasser oder die Erblasserin durch Testament oder Erbvertrag regeln (gewillkürte Erbfolge). Andernfalls bestimmt das Gesetz die Erbfolge (sogenannte gesetzliche Erbfolge).

Ein **Erblasser** oder eine Erblasserin ist die Person, um deren Nachfolge es im Fall des Todes geht. Nur ein Mensch, also eine natürliche Person, kann Erblasser oder Erblasserin sein.

Eine **Erbschaft** ist das Vermögen des Erblassers, das bei dessen Tod auf den oder die Erben übergeht. Zur Erbschaft gehört auch das passive Vermögen, also die Verbindlichkeiten des Erblassers.

Erbteil bezeichnet den Anteil an einer Erbschaft. Wer einen Anteil an einer Erbschaft hat, ist Miterbe oder Miterbin und Mitglied der Erbengemeinschaft.

Ein **Erbvertrag** ist eine vertragliche Verfügung von Todes wegen, die die Vertragspartner im Gegensatz zu einem Testament bindet. Während ein Testament jederzeit vom Erblasser widerrufen oder geändert werden kann, kann ein Erbvertrag nur von allen beteiligten Parteien gemeinsam geändert oder aufgehoben werden.

Eine **Immobilie** ist ein unbewegliches Sachgut. Unter den Begriff fallen unbebaute oder bebaute Grundstücke sowie die Bauten selbst, unabhängig davon, ob ein Gebäude zu Wohn- oder gewerblichen Zwecken genutzt wird. Als Immobilie wird auch eine in einem Mehrfamilienhaus befindliche Eigentumswohnung verstanden.

Letztwillige Verfügung ist eine andere Bezeichnung für das Testament, weil es ohne Widerruf das letzte Wort des Erblassers über seinen Nachlass darstellt. Der Begriff der letztwilligen Verfügung umfasst auch die einzelnen Anordnungen im Testament.

Der **Nachlass** ist das Vermögen des Erblassers, das bei dessen Tod auf den oder die Erben übergeht. Der Nachlass erstreckt sich auf das Aktivvermögen (zum Beispiel Bargeld, Wertpapiere, Grundstücke) und das Passivvermögen (Schulden) des Erblassers. Der Nachlass muss nicht identisch mit der Erbschaft sein, weil Letztere auch nur einen Teil des Nachlasses umfassen kann.

Ein **notarielles Testament** entsteht unter Mitwirkung eines Notars. Der Erblasser oder die Erblasserin erklärt dem Notar entweder mündlich den letzten Willen oder übergibt ihm eine Niederschrift mit der Erklärung, dass diese seinen oder ihren letzten Willen enthalte. Dies wird vom Notar oder von der Notarin beurkundet.

Eine **Teilungsanordnung** ist die Anordnung der Erblasserin oder des Erblassers über die Art und Weise der Abwicklung des Nachlasses. Mit einer Teilungsanordnung kann sie oder er nicht nur bestimmen, wer ihr oder sein Vermögen erhält, sondern auch festlegen, wie die Erben dieses Vermögen untereinander aufzuteilen haben.

Ein **Teilungsverbot** ist eine Anordnung des Erblassers, in der dieser verfügt, dass der Nachlass bei mehreren Erben nicht unter den Miterben aufgeteilt werden darf.

Jede Person hat das Recht, nach freiem Belieben Anordnungen und Bestimmungen über ihr Vermögen nach dem Tod zu treffen. Dies nennt man **Testierfreiheit**. Sie kann durch ein Testament oder einen Erbvertrag ihre Erben und damit ihre Vermögensnachfolger bestimmen, ihr Vermögen unter mehreren Personen aufteilen oder Verwandte oder den Ehepartner von der gesetzlichen Erbfolge ausschließen.

Ein **Vermächtnis** ist die im Testament oder Erbvertrag festgelegte Zuwendung eines einzelnen Vermögensvorteils (also zum Beispiel eines Gegenstands oder einer Geldsumme) durch den Erblasser an den Vermächtnisnehmer, ohne diesen als Erben einzusetzen.

Ein **Vermächtnisnehmer** ist die Person, die durch das Vermächtnis begünstigt wird. Sie kann gegen die Erben Anspruch auf die Zuwendung des Erblassers erheben.

20
100
2002

Übertragung der Immobilie durch testamentarische Verfügung

In diesem Kapitel erklären wir, welche Möglichkeiten Sie haben, Ihre Immobilie nach Ihrem Tod per Testament zu übertragen. Sie erfahren, wie Sie einen oder mehrere Erben einsetzen, was ein Grundstücks- oder und ein Nießbrauchsvermächtnis ist und welche Arten von Testamenten es gibt.

Sie können in Ihrem Testament bestimmen, wer Ihre Erben sein sollen. Diese Entscheidung steht Ihnen völlig frei. Sie sind nicht verpflichtet, Ihre Entscheidung zu begründen.

Einsetzung eines oder mehrerer Erben

Sie können einen oder mehrere Erben einsetzen. Erbe oder Erbin ist die Person, auf die Ihr Vermögen nach Ihrem Tod als Ganzes übergeht. Der Erbe oder die Erbin tritt also in Ihre „rechtlichen Fußstapfen". Er oder sie erbt grundsätzlich Ihre Rechte und Pflichten, das heißt, er oder sie muss auch etwa bestehende Verbindlichkeiten, wie zum Beispiel Kreditverbindlichkeiten, erfüllen.

Verfügung im Testament

Sie können in Ihrem Testament einen Alleinerben oder mehrere Erben einsetzen. Wenn Sie einen Alleinerben einsetzen, muss dieser nicht gesetzlicher Erbe sein. Sie können einen Alleinerben aber auch aus dem Kreis der gesetzlichen Erben auswählen; damit sind die anderen gesetzlichen Erben zwangsläufig enterbt. Auch wenn Sie mehrere Erben auswählen, müssen diese nicht zu den gesetzlichen Erben gehören. Sie können allerdings auch Ihre gesetzlichen Erben berücksichtigen und diesen aber andere als die gesetzlich vorgesehenen Erbteile zuweisen.

Wenn Sie mehrere Personen als Erben einsetzen, müssen Sie beachten, dass Sie für jeden Miterben den Bruchteil (zum Beispiel die Hälfte oder ein Viertel) festlegen müssen, der auf ihn entfallen soll. Auf jeden Miterben geht nur der ihm zugewendete Bruchteil des Vermögens über. Die Miterben bilden dann eine Erbengemeinschaft. Wenn Sie mehrere Erben einsetzen, ohne dass Sie deren Erbteile bestimmen, so erben alle Miterben grundsätzlich zu gleichen Teilen.

BEISPIEL

Formulierungshilfe: Einsetzung eines Alleinerben oder mehrerer Erben

Ich, _____ [Vor- und Familiennamen des Erblassers einsetzen], setze _____ [Vor- und Familiennamen des Erben einsetzen] zu meinem alleinigen und unbeschränkten Erben ein.
[Oder]
Ich, _____ [Vor- und Familiennamen des Erblassers einsetzen], setze _____ [Vor- und Familiennamen des Miterben einsetzen] und _____ [Vor- und Familiennamen des anderen Miterben einsetzen] zu meinen alleinigen und unbeschränkten Erben ein.

ACHTUNG

Sie können keine Erbeinsetzung vornehmen, indem Sie Ihren „Erben" – die in diesem Fall rechtlich gesehen Vermächtnisnehmer sind – einzelne Gegenstände zuwenden. Sie müssen einen Erben bestimmen, der Ihre Gesamtrechtsnachfolge antritt, der also auch für Ihre Verbindlichkeiten haftet. Die gegenständliche Erbeinsetzung ist nicht zulässig. Haben Sie in Ihrem Testament nur einzelne Gegenstände zugewendet, so handelt es sich dabei um Vermächtnisse (→ Seite 36), nicht aber um eine Erbeinsetzung. In diesem Fall gilt für den Rest Ihres Nachlasses die gesetzliche Erbfolge.

Einsetzung eines Ersatzerben

Wenn Sie in Ihrem Testament Ihre Erben bestimmt haben, sollten Sie auch bedenken, was geschieht, wenn diese – aus welchen Gründen auch immer – die Erbschaft nicht antreten können oder nicht antreten wollen. Für diesen Fall haben Sie die Möglichkeit, einen oder mehrere weitere Erben, sogenannte Ersatzerben, einzusetzen. Ein Ersatzerbe wird dann Erbe, wenn der zunächst eingesetzte Alleinerbe oder Miterbe nicht Erbe geworden ist. Das ist insbesondere der Fall, wenn der eingesetzte Erbe vor dem Erblasser verstirbt oder wenn er nach Eintritt des Erbfalls die Erbschaft ausschlägt.

BEISPIEL

Claudia Haller hat in ihrem Testament Thomas Mitsch als Alleinerben eingesetzt. Als Ersatzerben für Mitsch hat sie Kirstin Köhler bestimmt. Stirbt Mitsch vor dem Erbfall oder schlägt er die Erbschaft aus, wird Kirstin Köhler als eingesetzte Ersatzerbin Alleinerbin.

Vor dem Erbfall stehen dem Ersatzerben keine Rechte am Nachlass zu. Erst nach Eintritt des Erbfalls und nach dem Wegfall des zunächst berufenen Erben wird der Ersatzerbe unmittelbarer Rechtsnachfolger des Erblassers mit allen Rechten und Pflichten eines Erben.

Folgen des Wegfalls testamentarischer Erben bei fehlender Einsetzung eines Ersatzerben

Fällt der vom Erblasser eingesetzte Erbe vor oder nach dem Erbfall weg und hat der Erblasser keinen Ersatzerben bestimmt, muss zunächst ermittelt werden, was der

Erblasser gewollt hätte, wenn er diesen Fall bedacht hätte.

Von Bedeutung ist in diesem Zusammenhang zunächst folgende wichtige gesetzliche Auslegungsregel: Hat der Erblasser einen seiner Abkömmlinge, zum Beispiel seine Tochter, bedacht und fällt diese nach der Errichtung des Testaments weg, so ist – wenn nichts anderes angeordnet wurde – anzunehmen, dass die Abkömmlinge der Tochter insoweit bedacht werden sollen, wie sie bei gesetzlicher Erbfolge an ihre Stelle treten würden. Zuwendungen an einen Abkömmling werden also im Zweifel auf dessen Abkömmlinge erstreckt, wenn der oder die zunächst Bedachte nach Errichtung des Testaments weggefallen ist. Die Ersatzerbschaft tritt in diesem Fall also kraft gesetzlicher Vermutung ein, wenn der Erblasser keine abweichenden Verfügungen trifft.

BEISPIEL

Christian Mertens hat seine Tochter als Alleinerbin eingesetzt. Er will aber auf keinen Fall, dass deren Sohn Jan (sein Enkelkind) anstelle der Tochter erbt. In diesem Fall muss Christian einen oder mehrere Ersatzerben (zum Beispiel seine Geschwister) einsetzen, wenn er verhindern will, dass Jan im Falle der Ausschlagung der Erbschaft durch die Tochter sein Erbe wird.

Hat der Erblasser mehrere Erben eingesetzt und fällt eine oder einer von ihnen vor oder nach dem Erbfall weg und hat der Erblasser die gesetzliche Erbfolge ausgeschlossen, hat dies die sogenannte Anwachsung zur Folge. In diesem Fall treten also nicht die gesetzlichen Erben an die Stelle der oder des Weggefallenen, vielmehr wächst der Erbteil des weggefallenen Erben den übrigen Erben nach dem Verhältnis ihrer Erbteile zu. Der Erbteil der Miterben vergrößert sich also proportional.

BEISPIEL

Die geschiedene Silvia Seidel hat ihre drei Kinder Sofie, Amelie und Lucas als Erben zu gleichen Erbteilen eingesetzt. Die gesetzliche Erbfolge hat sie ausgeschlossen. Nach dem Tod von Silvia erbt jedes Kind ein Drittel am Nachlass. Wenn Lucas die Erbschaft ausschlägt, wächst dessen Erbteil den verbleibenden Erben zu. Sofie und Amelie erben dann jeweils zur Hälfte.

Gestaltungen im Testament

Die Anordnung einer Ersatzerbschaft ist ein wichtiges Gestaltungsinstrument, weil Sie damit verhindern können, dass die gesetzliche Erbfolge eintritt, die Sie unter Umständen nicht wünschen. Ferner kann die sogenannte Anwachsung vermieden werden, die bei mehreren eingesetzten Erben eintreten kann.

GUT ZU WISSEN

Testament auch bei Einzelkind sinnvoll

In vielen Fällen verzichten Immobilienbesitzer, die nur ein Kind haben, auf ein Testament, weil dieses Kind nach der gesetzlichen Erbfolge ohnehin Alleinerbe oder Alleinerbin sein wird. Stirbt das Kind allerdings vor dem Erbfall und hinterlässt es mehrere Enkelkinder des Erblassers, werden die Enkelkinder Eigentümer der Immobilie und bilden eine Erbengemeinschaft, was häufig Streit unter den Miterben zur Folge hat. Besser ist es, im Testament einen Ersatzerben oder eine Ersatzerbin einzusetzen und so eine Erbengemeinschaft zu verhindern. Alternativ kommen auch die ab → Seite 97 genannten testamentarischen Gestaltungen in Betracht, um Streitigkeiten unter mehreren Erben vorzubeugen.

Einen Ersatzerben oder eine Ersatzerbin müssen Sie im Testament bestimmen. Dabei haben Sie mehrere Gestaltungsmöglichkeiten:

→ Als Ersatzerben können Sie einen Miterben, einen gesetzlichen Erben oder einen Dritten bestimmen.

- Sie können eine einzelne Person oder mehrere Ersatzerben nebeneinander bestimmen.
- Ersatzerben können Sie auch nacheinander einsetzen. In diesem Fall kommt der zuletzt genannte Ersatzerbe erst zum Zug, wenn der vorgenannte Ersatzerbe wegfällt.

BEISPIEL

Formulierungshilfe: Einsetzung eines oder mehrerer Ersatzerben

Ich setze _____ [Vor- und Familiennamen des Erben einsetzen] zu meinem Alleinerben ein, ersatzweise _____ [Vor- und Familiennamen des Ersatzerben einsetzen].
[Oder]
Ich setze _____ [Vor- und Familiennamen des Erben einsetzen] zu meinem Alleinerben ein, ersatzweise _____ und _____ [Vor- und Familiennamen der Ersatzerben einsetzen].
[Oder]
Ich setze _____ [Vor- und Familiennamen des Erben einsetzen] zu meinem Alleinerben ein, ersatzweise _____ [Vor- und Familiennamen des Ersatzerben einsetzen], wiederum ersatzweise _____ [Vor- und Familiennamen des weiteren Ersatzerben einsetzen].

Übertragung der Immobilie durch testamentarisches Vermächtnis

Mit einem Vermächtnis können Sie einer Person in Ihrem Testament nach Ihrem Tod den Anspruch auf Übertragung einer Immobilie im Nachlass verschaffen, ohne dass Sie den Begünstigten oder die Begünstigte zum Erben einsetzen müssen. Die mit dem Erbe verbundenen Rechte und Pflichten, wie beispielsweise die Verwaltung des Nachlasses oder die Befriedigung von Nachlassverbindlichkeiten, gelten für den Begünstigten, den sogenannten Vermächtnisnehmer, nicht. Dieser hat lediglich einen Anspruch gegen die Erben auf Erfüllung des Vermächtnisses.

Von der Erbeinsetzung unterscheidet sich das Vermächtnis dadurch, dass dem oder der Begünstigten nicht die Stellung eines Erben oder einer Erbin eingeräumt ist. Er oder sie ist nicht unmittelbar am Nachlass beteiligt, sondern erwirbt lediglich einen Anspruch gegen den oder die Beschwerten (im Regelfall gegen die Erben) auf Erfüllung des Vermächtnisses. Diese wichtige Unterscheidung wird bei eigenhändigen Testamenten, die ohne fachkundige Beratung errichtet werden, häufig nicht beachtet. Die Unterscheidung ist allerdings wichtig, weil der Erbe und der Vermächtnisnehmer eine völlig unterschiedliche Rechtsstellung haben.

→ TIPP

Wollen Sie in Ihrem Testament eine Person in der Form begünstigen, dass diese in Ihre „rechtlichen Fußstapfen" tritt und als Rechtsnachfolger Ihre vererbbaren Rechte und Pflichten (also auch bestehende Nachlassverbindlichkeiten) übernehmen soll, müssen Sie die betreffende Person als Erben oder Erbin einsetzen. Dies müssen Sie im Testament klar und eindeutig zum Ausdruck bringen. Wollen Sie dagegen einer Person lediglich eine Zuwendung aus dem Nachlass zukommen lassen, beispielsweise ein Wohnhaus oder eine Eigentumswohnung, müssen Sie ein Vermächtnis anordnen.

Das Vermächtnis ist ein flexibles Instrument für Ihre Nachlassplanung, weil es nicht in dem Maße wie bei der Erbeinsetzung einschränkenden gesetzlichen Bestimmungen unterworfen ist. Vor allem erlaubt es Ihnen diese Gestaltungsform im Gegensatz zur Erbeinsetzung, einem oder einer Begünstigten einzelne Nachlassgegenstände direkt zuzuwenden, beispielsweise ein Grundstück, ein Haus oder eine Eigentumswohnung.

Sie müssen ein Vermächtnis testamentarisch anordnen. Als Gegenstände eines Vermächtnisses im Zusammenhang mit einer Immobilie kommen in Betracht:

→ das sogenannte Grundstücksvermächtnis, durch das der Erblasser dem oder der Begünstigten den Anspruch gegen die Erben auf Übereignung einer Immobilie nach seinem Tod einräumt,
→ ein Nießbrauchs- oder Wohnungsrechtsvermächtnis, das den Begünstigten oder die Begünstigte nach Eintritt des Erbfalls zur Nutzung einer Immobilie berechtigt.

Grundstücksvermächtnis

Mit einem Grundstücksvermächtnis können Sie einem oder einer Begünstigten einen Gegenstand aus dem Nachlass zuwenden. Anders als der Name vermuten lässt, können Sie mit einem Grundstücksvermächtnis einem oder einer Begünstigten nicht nur ein Grundstück zuwenden, sondern auch ein Wohnhaus, ein Geschäftshaus oder eine Eigentumswohnung. Bei der Bestimmung des Grundstücksvermächtnisses sollten Sie das Grundstück anhand des aktuellen Grundbuchauszugs genau beschreiben (Grundbuchamt, Band, Blatt, Flurstücksnummer). Bei einer Eigentumswohnung müssen zudem die Miteigentumsanteile und das Sondereigentum genau bezeichnet werden.

Wie schon bei der Erbeinsetzung beschrieben, ist es auch beim Vermächtnis sinnvoll, einen Ersatzvermächtnisnehmer für den Fall zu bestimmen, dass die Person wegfällt, die Sie durch das angeordnete Vermächtnis bedacht haben, sie also beispielsweise vor dem Erbfall verstirbt oder das Vermächtnis ausschlägt.

Haben Sie in Ihrem Testament nichts anderes bestimmt, muss der oder die Beschwerte, also in der Regel der Erbe oder die Erbin oder mehrere Miterben, die Kosten der Erfüllung des Vermächtnisses tragen. Die Kosten umfassen unter anderem die Notarkosten und die Kosten der Grundbuchberichtigung. Wurde die Immobilie zum Beispiel mit einem Kredit finanziert und bestehen noch Verbindlichkeiten, die im Grundbuch durch eine Grundschuld gesichert sind, sollten Sie festlegen, wer die Lasten zu tragen hat. Grundbuchrechtlich handelt es sie bei Schulden, die auf einem Nachlassgrundstück gesichert sind, um Nachlassverbindlichkeiten, die von den Erben zu tragen sind. Wenn Sie aber möchten, dass der Vermächtnisnehmer diese Lasten trägt, sollten Sie dies testamentarisch eindeutig klarstellen.

GUT ZU WISSEN

Vermächtnis ist flexibler als Erbeinsetzung

Die Zuwendung eines Grundstücksvermächtnisses ermöglicht Ihnen eine gezielte Übertragung von Immobilien an eine bestimmte Person, ohne dass diese Erbe oder Erbin des gesamten Nachlasses wird. Es ist flexibler als eine Erbeinsetzung und bietet mehr Gestaltungsspielraum, weil Sie einem oder einer Begünstigten direkt eine bestimmte Immobilie zuwenden können. Der Vermächtnisnehmer muss sich nicht mit dem Nachlass und den damit eventuell verbundenen Verbindlichkeiten auseinandersetzen, sondern hat nach Ihrem Tod lediglich Anspruch auf Übertragung der Immobilie. Es ist aber auch möglich, dass Sie einem Erben oder einer Erbin ein Grundstücksvermächtnis zuwenden; in diesem Fall spricht man dann von einem sogenannten Vorausvermächtnis – mehr dazu auf → Seite 104.

→ **TIPP**

Für den Fall, dass sich das Grundstück zum Zeitpunkt des Erbfalls nicht mehr im Nachlass befindet (zum Beispiel, weil es verkauft wurde), kann der Erblasser oder die Erblasserin testamentarisch ein Ersatzvermächtnis anordnen. Dem Vermächtnisnehmer kann zum Beispiel Geld in Höhe des Verkehrswerts des Grundstücks zugewandt werden.

Allein die Zuwendung eines Grundstücks durch ein Vermächtnis macht den Vermächtnisnehmer noch nicht zum Eigentümer des Grundstücks, wenn der Erbfall eintritt. Voraussetzung für den Eigentumsübergang ist vielmehr die Übereinkunft zwischen dem Eigentümer des Grundstücks und dem Vermächtnisnehmer über die Übertragung des Grundstückseigentums. Diese sogenannte dingliche Einigung ist eine notwendige Voraussetzung für den Eigentumserwerb durch den Vermächtnisnehmer und muss notariell erfolgen, gefolgt von der Eintragung ins Grundbuch.

- → Beschränkt sich der Erblasser in seinem Testament darauf, dem Vermächtnisnehmer ein Grundstück zu vermachen, muss das notarielle Verfahren von den Erben durchgeführt werden. Der Vermächtnisnehmer kann von den Erben die Eigentumsübertragung verlangen und diese sind dann verpflichtet, die Einigungserklärung, die sogenannte Auflassung, vor dem Notar abzugeben und den Antrag auf Eintragung des Eigentumsübergangs im Grundbuch zu stellen.
- → Alternativ kann jedoch auch bereits der Erblasser in seinem Testament bei der Zuwendung des Vermächtnisses die entsprechenden Anträge stellen (siehe Formulierungshilfe). In diesem Fall muss sich der Vermächtnisnehmer nicht mehr mit den Erben wegen der Abgabe der für den Eigentumsübergang notwendigen Erklärungen auseinandersetzen, weil die formellen Voraussetzungen bereits durch den Erblasser erfüllt wurden.

BEISPIEL

Formulierungshilfe: Grundstücksvermächtnis, Zuwendung einer Eigentumswohnung

Im Wege des Vermächtnisses erhält ______ [Vor- und Familiennamen des Vermächtnisnehmers einsetzen] mein Grundstück in ______ [Ort und Straße einsetzen], eingetragen im Grundbuch von ______, Band ______, Blatt ______, Flurstücksnummer ______. Als Ersatzvermächtnisnehmer bestimme ich die Abkömmlinge des Vermächtnisnehmers nach den Regeln der gesetzlichen Erbfolge.

[Oder]

Im Wege des Vermächtnisses erhält ______ [Vor- und Familiennamen des Vermächtnisnehmers einsetzen] meine Eigentumswohnung in ______ [Ort und Straße einsetzen], bestehend aus dem Miteigentumsanteil von ______/10.000 an dem Grundstück, eingetragen im Grundbuch von ______, Band ______, Blatt ______, Flurstücksnummer ______, verbunden mit dem Sondereigentum an der Wohnung Nummer ______ des Aufteilungsplans, nebst dem Kellerraum Nummer ______ und ______ [zum Beispiel Tiefgarage, Kfz-Stellplatz, je nach Grundbuchbeschrieb]. Als Ersatzvermächtnisnehmer bestimme ich die Abkömmlinge des Vermächtnisnehmers nach den Regeln der gesetzlichen Erbfolge.

Befindet sich das Grundstück zum Zeitpunkt des Erbfalls nicht mehr in meinem Nachlass, so ist dem Vermächtnisnehmer stattdessen wertmäßiger Ersatz in Geld zu leisten. Für die Höhe des Geldvermächtnisses ist der Wert des Grundstücks zum Zeitpunkt der Weggabe maßgebend. Wurde das Grundstück verkauft, ist der Veräußerungserlös maßgebend.

Bestehen zum Zeitpunkt des Erbfalls Verbindlichkeiten, die durch Grundpfandrechte abgesichert sind und betreffen diese Verbindlichkeiten den Erwerb des Grundstücks, dann hat der Vermächtnisnehmer nicht nur die dinglichen Lasten zu übernehmen, sondern auch den Erben von den Verbindlichkeiten freizustellen. Die Kosten der Vermächtniserfüllung tragen die Erben.

Die gemäß Paragraf 873 Absatz 2 BGB erforderliche dingliche Einigungserklärung gebe ich hiermit ab. Ebenso bewillige ich hiermit die Eintragung des Eigentumsübergangs im Grundbuch gemäß Paragraf 873 Absatz 2 BGB und Paragraf 19 Grundbuchordnung.

Grundstücksnießbrauch als Vermächtnis

Wollen Sie einer Person nach Ihrem Tod nicht das Eigentum an einer Immobilie zukommen lassen, sondern ihr für eine gewisse Zeit oder lebenslang ein Nutzungsrecht einräumen, kommt ein Nießbrauchsvermächtnis in Betracht. Die oder der Begünstigte darf die Immobilie dann nutzen, aber nicht darüber verfügen, das heißt, sie oder er darf die Immobilie beispielsweise nicht verkaufen.

Der Grundstücksnießbrauch ist das dingliche Recht, ein Grundstück (zum Beispiel das Familienheim oder eine Eigentumswohnung) in Besitz zu nehmen, es zu verwalten, zu bewirtschaften und zu nutzen. Die Nutzungen umfassen die Erträge und den Gebrauch der Immobilie. Der oder die Berechtigte darf also die betreffenden Räume insbesondere zu Wohnzwecken nutzen. Ferner ist er oder sie berechtigt, die Räume ohne Zustimmung des Eigentümers zu vermieten; in diesem Fall stehen ihm oder ihr dann die Mieteinnahmen zu. Das Nießbrauchrecht darf nicht an eine andere Person vererbt oder übertragen werden.

→ TIPP

Ein Vermächtnis mit Nießbrauchrecht an einer Immobilie ist sinnvoll, wenn Sie die Nutzung dieser Immobilie (zum Beispiel ein Wohnrecht oder Mieteinnahmen) einer bestimmten Person zuwenden wollen, während das Eigentum daran an einen Erben oder eine Erbin geht. So können Sie eine Person (zum Beispiel Ihren Ehepartner) lebenslang versorgen, indem diese in der Immobilie wohnen kann oder ihr die Mieteinnahmen zustehen. Damit ist das Vermächtnis mit der Zuwendung eines Grundstücksnießbrauchs ein flexibles erbrechtliches Instrument, mit dem Sie Ihre Vermögensnachfolge gestalten können. Es kann auf Ihre individuellen Bedürfnisse und Wünsche zugeschnitten werden.

BEISPIEL

Peter Klinkhammer setzt seine Kinder als Alleinerben ein. Seiner Lebenspartnerin Anne Rudolph sollen bis zu ihrem Lebensende die Nutzungen seiner Eigentumswohnung zustehen. Nach Peters Tod und dem Eintreten des Erbfalls hat Anne das Recht, in der Eigentumswohnung zu wohnen oder diese zu vermieten.

Wenn Sie in Ihrem Testament ein Nießbrauchsvermächtnis zuwenden wollen, müssen Sie sich mit der Frage beschäftigen, ob Ihre Erben oder die oder der Wohnungsberechtigte die mit der Nutzung zusammenhängenden Kosten zu tragen haben. Kraft Gesetzes gilt Folgendes:

- Verbrauchskosten wie Strom-, Heiz-, Wasser-, Abwasser- und Reinigungskosten sind ausschließlich vom Nießbraucher zu tragen.
- Auch die gewöhnlichen Unterhaltungskosten, die mit der Immobilie verbunden sind, sind vom Nießbraucher zu tragen. Dazu zählen Maßnahmen, die bei ordnungsgemäßer Bewirtschaftung regelmäßig, und zwar wiederkehrend innerhalb kürzerer Zeitabstände, zu erwarten sind. Ordentliche Unterhaltungskosten sind Ausbesserungen und Erneuerungen, mit denen gelegentlich zu rechnen ist (zum Beispiel Maler- und Wartungsarbeiten).
- Außergewöhnliche Unterhaltungskosten haben Ihre Erben zu tragen. Dazu gehören beispielsweise die Renovierung des Hausdachs oder Anliegerkosten.

Von der gesetzlichen Kostenverteilung können Sie im Rahmen der Zuwendung des Vermächtnisses abweichende Regelungen treffen.

GUT ZU WISSEN

Besteht das Nießbrauchrecht an einer Eigentumswohnung, so wird das Stimmrecht in der Eigentümerversammlung vom Eigentümer ausgeübt. Der Eigentümer kann dem oder der Nießbrauchsberechtigten allerdings eine Vollmacht zur Vertretung in der Versammlung erteilen.

Wie das Grundstücksvermächtnis gewährt auch ein Grundstücksnießbrauchsvermächtnis dem begünstigten Vermächtnisnehmer nach Eintritt des Erbfalls lediglich den Anspruch auf dingliche Einigung und Eintragung des Nießbrauchs im Grundbuch nach Bewilligung des oder der Erben. Allerdings kann der Erblasser auch in diesem Fall alle Anträge, die für die dingliche Nießbrauchsbestellung erforderlich sind, bereits im Rahmen des testamentarischen Vermächtnisses stellen (siehe Formulierungshilfe).

BEISPIEL

Formulierungshilfe: Nießbrauchsvermächtnis

Im Wege eines Vermächtnisses erhält ______ [Vor- und Familiennamen des Vermächtnisnehmers einsetzen] den lebenslangen unentgeltlichen Nießbrauch an dem Hausgrundstück Nummer______ in ______ [Ort und Straße einsetzen], eingetragen im Grundbuch von ______, Band ______, Blatt Nr. ______ , Flurstücksnummer ______.
Der Nießbraucher hat alle mit dem Nießbrauchsgegenstand verbundenen privaten und öffentlichen Aufwendungen und Lasten, auch die außerordentlichen Lasten, zu tragen, soweit dies gesetzlich zulässig ist.
Ebenso hat er die außergewöhnlichen und zur Substanzerhaltung erforderlichen Ausbesserungen und Erneuerungen zu tragen, wie diese der Eigentümer kraft Gesetzes zu tragen hätte.
Soweit das oben genannte Hausgrundstück sich beim Erbfall nicht mehr im Nachlass befinden sollte, entfällt das vorstehende Vermächtnis.
Die gemäß Paragraf 873 Absatz 2 BGB erforderliche dingliche Einigungserklärung gebe ich hiermit ab. Ebenso bewillige ich hiermit die Eintragung des Nießbrauchs im Grundbuch gemäß Paragraf 873 Absatz 2 BGB und Paragraf 19 GBO.

Wohnungsrecht als Vermächtnis

Sie können durch ein Vermächtnis einer oder einem Begünstigten auch ein Wohnungsrecht einräumen und so sicherstellen, dass sie oder er nach Eintritt des Erbfalls weiterhin in der Wohnung wohnen kann. Das Eigentum an der Immobilie geht dagegen nach Ihrem Tod an Ihre Erben über.

Das Wohnrecht ist vom Grundstücksnießbrauch als Vermächtnis zu unterscheiden. Der Hauptunterschied liegt in den Nutzungsmöglichkeiten. Das Wohnrecht berechtigt lediglich zur persönlichen Nutzung der Immobilie, während der Nießbrauch zusätzlich das Recht gewährt, die Immobilie zu vermieten und die Einnahmen zu behalten.

Nießbrauch kann nur am gesamten Grundstück oder mit einem Bruchteil davon eingeräumt werden. Dagegen kann das Wohnrecht auch für einzelne Räumlichkeiten eingeräumt werden. Deshalb müssen im Vermächtnis genau die Räumlichkeiten bestimmt werden, die von der oder dem Wohnberechtigten allein oder nur gemeinschaftlich benutzt werden dürfen.

→ **TIPP**

Durch die Zuwendung eines Wohnungsrechtsvermächtnisses können Sie rechtlich für den Berechtigten oder die Berechtigte eine sichere Wohnsituation schaffen, unabhängig von finanziellen Veränderungen und vom Alter. So können Sie etwa für Ihren Ehepartner oder für Ihren nicht ehelichen Lebenspartner sicherstellen, dass er oder sie in der bisherigen Immobilie wohnen bleiben darf, ohne dass nach Ihren Tod das Eigentum an der Immobilie an ihn oder sie übergeht. Damit ist das Vermächtnis mit der Zuwendung eines Wohnungsrechts ein flexibles erbrechtliches Instrument zur Gestaltung der Vermögensnachfolge. Aus der Sicht des oder der Berechtigten hat das Wohnungsrecht den Nachteil, dass er oder sie die Wohnung nicht vermieten, sondern diese nur persönlich mit seiner oder ihrer Familie nutzen darf. Zu berücksichtigen ist auch das potenziell hohe Streitpotenzial bei einem Wohnungsrecht, weil es zu Konflikten zwischen dem Erben und dem Wohnberechtigten kommen kann. Häufiger Streitpunkt ist beispielsweise – ebenso wie beim Grundstücksnießbrauch –, wer die Kosten für die Unterhaltung des Gebäudes tragen muss.

Der oder die Wohnungsberechtigte darf seine oder ihre Familie und die zu seiner oder ihrer standesgemäßen Betreuung und Pflege erforderlichen Personen in die Wohnung aufnehmen. Zur Familie gehört auch der nicht eheliche Lebenspartner. Als Erblasser haben Sie jedoch die Möglichkeit, in Ihrem Testament den Kreis der Wohnungsberechtigten und mögliche aufzunehmende Personen genau zu bestimmen.

Der oder die Wohnungsberechtigte ist gesetzlich verpflichtet, die vom Wohnungsrecht erfassten Räume zu unterhalten. Er oder sie hat – wie der Nießbrauchsberechtigte – die Verbrauchskosten (zum Beispiel für Wasser, Abwasser, Müll, Strom) sowie die gewöhnlichen Unterhaltungskosten (zum Beispiel Reparaturen) zu tragen. Außergewöhnliche Unterhaltungskosten muss der Eigentümer oder die Eigentümerin tragen. Als Erblasser können Sie vom Gesetz abweichende testamentarische Regelungen treffen.

Die Zuwendung eines Wohnungsrechtsvermächtnisses gewährt dem oder der Begünstigten nach Eintritt des Erbfalls den Anspruch auf dingliche Einigung und

Eintragung des Wohnungsrechts im Grundbuch nach Bewilligung des Erben. Allerdings kann auch der Erblasser alle Anträge, die für die dingliche Wohnungsrechtsbestellung erforderlich sind, bereits im Rahmen des testamentarischen Vermächtnisses stellen (siehe Formulierungshilfe).

BEISPIEL

Formulierungshilfe: Wohnungsrechtsvermächtnis

_____ [Vor- und Familiennamen des Wohnungsberechtigten] wende ich im Wege des Vermächtnisses das lebenslange Wohnungsrecht in den Räumen der Erdgeschosswohnung des Wohnhauses Nummer _____ in _____ [Ort und Straße einsetzen], eingetragen im Grundbuch von _____, Band _____, Blatt Nr. _____, Flurstücksnummer _____, zu. Das Wohnungsrecht umfasst auch die alleinige Benutzung _____ [Bezeichnung der der alleinigen Benutzung unterliegenden Räumlichkeiten, zum Beispiel Keller, Garage]. Ferner berechtigt es zur Mitbenutzung aller dem gemeinschaftlichen Gebrauch der Hausbewohner dienenden Einrichtungen und Anlagen, insbesondere des Wasch- und Trockenraums sowie des Gartens und aller Zugänge.

Für die Lastenverteilung gelten die gesetzlichen Regelungen.

Die Bedachte darf über den Personenkreis in Paragraf 1093 Absatz 2 BGB hinaus auch weitere Personen in die Wohnung mit aufnehmen.

Soweit das oben genannte Hausgrundstück sich beim Erbfall nicht mehr im Nachlass befinden sollte, entfällt das vorstehende Vermächtnis.

Die gemäß Paragraf 873 Absatz 2 BGB erforderliche dingliche Einigungserklärung gebe ich hiermit ab. Ebenso bewillige ich hiermit die Eintragung des Wohnungsrechts im Grundbuch gemäß Paragraf 873 Absatz 2 BGB und Paragraf 19 GBO.

Vererbung einer Immobilie durch Vor- und Nacherbfolge

Mit der Anordnung der Vor- und Nacherbfolge können Sie nach Eintritt des Erbfalls den Nachlass in der zeitlichen Nutzung aufteilen, indem Sie einen Vorerben einsetzen, der die Erbschaft für eine bestimmte Zeit nutzen darf, und einen Nacherben bestimmen, dem dann letztlich der Nachlass zufällt. Damit haben Sie die Möglichkeit, über einen längeren Zeitraum, also über zwei Generationen hinweg, über den Verbleib Ihres Vermögens und damit auch über die Nutzung und die Vererbung einer Immobilie zu bestimmen.

Wenn der Erbfall eintritt, geht die Immobilie als Teil der Erbschaft zunächst an den Vorerben oder die Vorerbin. Erst wenn das von Ihnen im Testament festgelegte Ereignis – der sogenannte Nacherbfall – eintritt, fällt die Erbschaft und mithin die Immobilie an den von Ihnen bestimmten Nacherben. Treffen Sie keine anderslautende Anordnung, tritt der Nacherbfall mit dem Tod des Vorerben ein. Mit dem Eintritt des Nacherbfalls hört der Vorerbe auf, Erbe zu sein. Dann ist der Nacherbe Ihr Erbe und Rechtsnachfolger, also nicht des Vorerben.

→ **TIPP**

Durch die Anordnung der Vor- und Nacherbfolge können Sie sicherstellen, dass eine Immobilie in der Familie verbleibt und nicht an fremde Dritte übergeht. Sie können auf das Verhalten der Vor- und Nacherben gezielt Einfluss nehmen und sicherstellen, dass dem Nacherben die Immobilie erhalten wird, während dem Vorerben lediglich deren Nutzung gewährt wird.

Vor- und Nacherbschaft als erbrechtliches Gestaltungsinstrument

Die Vor- und Nacherbfolge kann für verschiedene persönliche Lebensumstände eingesetzt werden:

→ **Verwaltung des Vermögens:** Zunächst haben Sie als Erblasser oder Erblasserin die Möglichkeit, die Verwaltung und Nutzung einer Immobilie und Ihres sonstigen Vermögens vorübergehend in andere Hände als die Ihrer endgültigen Erben zu geben. Das kann zum Beispiel sinnvoll sein, wenn Sie diese noch nicht für fähig halten, den Nachlass sinnvoll zu verwalten, etwa, weil sie noch minderjährig sind. Mit der Anordnung einer Vor- und Nacherbfolge können Sie dann vorübergehend eine Person für die Verwaltung einsetzen, die in einem bestimmten Rahmen auch berechtigt ist, den Nachlass zu nutzen. Mit der Festlegung des Nacherbfalls (zum Beispiel Erreichen eines bestimmten Alters, Schulabschluss, Verheiratung, Tod des Vorerben) legen Sie fest, wann die Erbschaft auf die endgültigen Erben weitergegeben wird. Damit können Sie die eingesetzten Nacherben unter Umständen auch zu einem bestimmten Verhalten veranlassen.

- **Überschuldung von Vorerben:** Ist ein Vorerbe überschuldet, wird durch Vor- und Nacherbfolge verhindert, dass Gläubiger des Vorerben in den Nachlass vollstrecken können, das heißt, ihre offenen Forderungen aus dem Nachlass decken, soweit dies das Recht des Nacherben vereiteln oder beeinträchtigen würde.
- **Versorgung behinderter oder pflegebedürftiger Personen:** Durch die Anordnung der Vor- und Nacherbschaft und der Einsetzung einer behinderten oder pflegebedürftigen Person als Vorerbe oder Vorerbin können Sie den Nachlass dem Zugriff des Sozialhilfeträgers entziehen. Wenn also beispielsweise das Sozialamt Teile der Pflegekosten für die pflegebedürftige Person übernimmt, kann es sich diese Kosten nicht aus dem Nachlass zurückholen.

Trennung des Nachlasses vom Vermögen des Vorerben

Der Vorerbe erbt die Vorerbschaft und mithin auch eine Immobilie im Nachlass lediglich als „Sondervermögen", das von seinem eigenen Vermögen streng getrennt zu betrachten ist. Er wird zwar Erbe, aber ihm sind gesetzlich erhebliche Verwaltungs- und Verfügungsbeschränkungen auferlegt. Er muss das geerbte Vermögen bis zum Eintritt des Nacherbfalls verwalten und darf es nicht nach Belieben ausgeben. Die Nacherben sind schon Erben des Verstorbenen, sie erhalten die Erbschaft aber erst zum Zeitpunkt des Nacherbfalls. Oft ist dieser Zeitpunkt der Tod des Vorerben. Die Nacherben sind aber schon zu Lebzeiten des Vorerben geschützt und können gegen unzulässige Verfügungen und Beeinträchtigungen ihres zukünftigen Vermögens vorgehen.

> **BEISPIEL**
>
> Sie wollen Ihre Ehefrau als Erbin einsetzen. Nach deren Tod soll Ihr Vermögen an Ihre gemeinsamen Kinder fallen. Das können Sie unter anderem mit der Anordnung der Vor- und Nacherbfolge erreichen. Mit dem Erbfall fällt die Erbschaft zunächst Ihrer Ehefrau als Vorerbin an. Mit deren Tod tritt der Nacherbfall ein und Ihre Kinder erben. Ihre Kinder erben zwar das Vermögen aus dem ersten Erbfall und – wenn Ihre Ehefrau testamentarisch nichts anderes verfügt hat – deren Vermögen. Gegenstand der Vor- und Nacherbschaft ist aber nur Ihr Vermögen, also das Vermögen aus dem ersten Erbfall.

Rechtsstellung des Vorerben

Mit dem Eintritt des Erbfalls wird der Vorerbe Erbe des Nachlasses. Damit verfügt er über zwei Vermögensmassen: sein eigenes Vermögen und den Nachlass, der ihm als Vorerbe zur Verfügung steht. Während er für sein eigenes Vermögen in einem Testament oder Erbvertrag festlegen kann, was damit nach seinem Tod geschehen soll, darf er dies für die Vorerbschaft nicht.

Der von Ihnen eingesetzte Vorerbe muss den Nachlass ordnungsgemäß verwalten. Er hat das Recht, den Nachlass zu nutzen. Ihm stehen also beispielsweise die Einnahmen zu, wenn die Immobilie vermietet ist. Gleichzeitig hat er aber auch die Pflicht, die gewöhnlichen Erhaltungskosten (zum Beispiel Versicherungen, Grundsteuer) zu tragen. Außerordentliche Lasten (zum Beispiel Erneuerung der Fassade eines Hauses) darf er aus der Erbschaft bestreiten.

Was der Vorerbe mit seiner Erbschaft konkret machen darf, hängt von seiner Rechtsstellung ab.

→ Haben Sie als Erblasser keine besonderen Anordnungen getroffen, dann ist der Vorerbe durch besondere gesetzliche Regelungen in seiner Verfügungsbefugnis über den Nachlass beschränkt. Man spricht dann vom sogenannten nicht befreiten Vorerben.

→ Sie können allerdings den Vorerben auch von den gesetzlichen Einschränkungen ganz oder teilweise befreien. Dann handelt es sich um einen sogenannten befreiten Vorerben.

GUT ZU WISSEN

Die Frage, welche Aufwendungen zur Erhaltung einer Immobilie im Nachlass notwendig sind, birgt häufig Konfliktpotenzial zwischen dem Vor- und Nacherben. Der Vorerbe ist gesetzlich verpflichtet, für die Erhaltung der Immobilie zu sorgen. Sofern die Geldmittel der Erbschaft nicht ausreichen, muss der Vorerbe Erbschaftsgegenstände versilbern; der Nacherbe ist verpflichtet, der Veräußerung zuzustimmen. Gegebenenfalls muss der Nacherbe dem Vorerben erlauben, für grundlegende Renovierungen ein Darlehen aufzunehmen und hierzu das Grundstück zu belasten. Wenn der Vorerbe außerordentliche Lasten aus eigenen Mitteln bestreitet, kann er vom Nacherben verlangen, ihm diese Aufwendungen zu erstatten.

Ein von Ihnen eingesetzter nicht befreiter Vorerbe kann zwar als Eigentümer aller Nachlassgegenstände und Gläubiger aller Forderungen grundsätzlich über den Nachlass verfügen. Damit aber dem Nacherben der Wert und die Substanz des Nachlasses erhalten bleiben, ist der Vorerbe in seiner Verfügungsmacht beschränkt. So darf er Immobilien im Nachlass nur mit Zustimmung des Nacherben verkaufen; ebenso ist die Zustimmung des Nacherben erforderlich, wenn eine Immobilie mit Grundpfandrechten (zum Beispiel Grundschulden) belastet werden soll. Der Vorerbe ist auch nicht berechtigt, Schenkungen aus dem Nachlass vorzunehmen.

Sie können den von Ihnen eingesetzten Vorerben von einigen gesetzlichen Verpflichtungen und Beschränkungen befreien und ihm damit eine größere Handlungs- und Verfügungsfreiheit beim Nachlass einräumen. So können Sie den Vorerben insbesondere auch von der Verfügungsbeschränkung über eine Immobilie im Nachlass befreien.

Ob und inwieweit Sie von den Befreiungsmöglichkeiten Gebrauch machen, können Sie frei entscheiden. Die Befreiung muss in Ihrem Testament enthalten sein. Sie kann sich auf einzelne Beschränkungen oder auf alle gesetzlich zulässigen Beschränkungen erstrecken.

ACHTUNG

Vorerbe darf Immobilie nicht verschenken

Sie können den Vorerben oder die Vorerbin nicht von dem gesetzlichen Verbot befreien, über Nachlassgegenstände unentgeltlich zu verfügen, also beispielsweise eine im Nachlass befindliche Immobilie zu verschenken.

→ **TIPP**

Verwaltet der Vorerbe den Nachlass nicht ordnungsgemäß, so können dem Nacherben gegen den Vorerben Ersatzansprüche zustehen. Um solchen Ansprüchen, die nach Eintritt des Nacherbfalls geltend gemacht werden könnten, vorzubeugen, kann der Vorerbe den tatsächlichen Zustand eines zur Erbschaft gehörenden Gebäudes auf seine Kosten durch einen Sachverständigen feststellen lassen.

Rechtsstellung des Nacherben

Der Nacherbe oder die Nacherbin wird mit dem Nacherbfall Erbe. Vorher stehen ihm oder ihr nur wenige Rechte zu.

- → Der Nacherbe kann vom Vorerben ohne Angabe von Gründen einmalig ein Verzeichnis der zur Erbschaft gehörenden Gegenstände verlangen.
- → Die Veräußerung einer Immobilie im Nachlass des nicht befreiten Vorerben ist nur dann wirksam, wenn der Nacherbe zustimmt.
- → Der Nacherbe kann vom Vorerben Auskunft über den Bestand der Erbschaft verlangen, wenn Grund zu der Annahme besteht, dass der Vorerbe durch seine Verwaltung die Rechte des Nacherben erheblich verletzt.

Mit dem Eintritt des Nacherbfalls wird der Nacherbe gesetzlicher Erbe des Erblassers. Der Vorerbe verliert seine Erbenstellung und der Nachlass fällt an den Nacherben. Der Nacherbe erwirbt automatisch das Eigentum an allen Nachlassgegenständen und damit auch das Eigentum an einer Immobilie im Nachlass. Er kann vom Vorerben die Herausgabe der Erbschaft in dem Zustand verlangen, der bei einer ordnungsgemäßen Verwaltung zu erwarten wäre. Näheres dazu auf → Seite 125.

Testamentarische Verfügung

Für die Anordnung der Vor- und Nacherbfolge bedarf es einer Verfügung von Todes wegen, also eines Testaments oder Erbvertrags. Als Erblasserin oder Erblasser müssen Sie folgende Regelungen treffen, damit eine Vor- und Nacherbfolge wirksam wird:

- Sie müssen den Vorerben oder die Vorerbin bestimmen. Er oder sie ist Inhaber der Erbschaft in der Zeit zwischen dem Erbfall und dem Eintritt des Nacherbfalls. Verzichten Sie darauf, einen Vorerben oder eine Vorerbin zu bestimmen, geht das Gesetz davon aus, dass Ihre gesetzlichen Erben Vorerben sein sollen.
- Sie müssen die Person des Nacherben festlegen. Der Nacherbe oder die Nacherbin wird mit dem Eintritt des Erbfalls endgültiger Inhaber der Erbschaft. Haben Sie testamentarisch keinen Nacherben bestimmt, so sind im Zweifel Ihre gesetzlichen Erben zum Zeitpunkt des Nacherbfalls Nacherben. Haben Sie weder einen Vorerben noch einen Nacherben ernannt, so ist Ihre Verfügung unwirksam.
- Sie müssen den Zeitpunkt bestimmen, zu dem der Nacherbfall eintreten soll. Dazu können Sie ein bestimmtes Datum oder den Eintritt eines bestimmten Ereignisses (zum Beispiel Volljährigkeit des Nacherben) festlegen. Haben Sie keine Anordnung getroffen, so tritt der Nacherbfall mit dem Tod des Vorerben ein.
- Sie müssen festlegen, auf welchen Teil des Nachlasses sich die angeordnete Vor- und Nacherbschaft beziehen soll. Die Anordnung kann sich auf den gesamten Nachlass oder auf einen Teil des Nachlasses, das heißt auf einen Bruchteil, erstrecken. Es ist nicht möglich, die Vor- und Nacherbfolge auf einzelne Nachlassgegenstände, beispielsweise eine Immobilie, zu beschränken.

BEISPIEL

Formulierungshilfe: Einsetzung eines Vor- und Nacherben

Ich setze zu meinem Vorerben meine Lebenspartnerin ____ [Vor- und Familiennamen des Vorerben einsetzen] ein. Nacherbe nach ihrem Tod soll mein Bruder ____ [Vor- und Familiennamen des Nacherben einsetzen] werden.
[Oder]
Nacherbe soll mein Sohn ____ [Vor- und Familiennamen des Nacherben einsetzen] werden, wenn er das 25. Lebensjahr vollendet hat.
[Oder]
Wenn mein Sohn ____ [Vor- und Familiennamen einsetzen] heiratet, soll er Nacherbe werden.

Sie müssen auch festlegen, welche Befugnisse der Vorerbin oder dem Vorerben in Bezug auf den Nachlass zustehen sollen. Gesetzlich unterliegt sie oder er einigen Verfügungsbeschränkungen, von denen sie oder er allerdings in einem gesetzlich bestimmten Rahmen befreit werden kann. Damit wird sie oder er zum schon erwähnten befreiten Vorerben.

→ TIPP

Die Vor- und Nacherbfolge ist ein kompliziertes Rechtsgebilde. Häufig führt dieses erbrechtliche Gestaltungsinstrument zu Problemen und zu Belastungen des Verhältnisses zwischen Vor- und Nacherben. Diese verfolgen in der Regel unterschiedliche Interessen, beispielsweise bei Fragen der Unterhaltung und Instandhaltung einer Immobilie im Nachlass. Die Folgen sind Konflikte und Streitigkeiten, die Sie als Erblasser oder Erblasserin auch bei noch so sorgfältigen Anordnungen in Ihrer Verfügung von Todes wegen kaum vermeiden können. Wenn Sie in Ihrem Testament eine Vor- und Nacherbfolge anordnen wollen, sollten Sie sich von einem Notariat oder einem erbrechtlich versierten Anwaltsbüro beraten lassen.

BEISPIEL

Formulierungshilfe: Einsetzung eines befreiten Vorerben

Ich setze meine Ehefrau ____ [Vor- und Familiennamen des Vorerben einsetzen] als Vorerbe ein. Nacherben sollen unsere gemeinsamen Kinder ____ [Vor- und Familiennamen der Nacherben einsetzen] sein.
Der Vorerbe ist von allen gesetzlichen Beschränkungen und Verpflichtungen, soweit gemäß Paragraf 2136 BGB zulässig, befreit.
[Oder]
Der Vorerbe darf das im Nachlass befindliche Hausgrundstück ____ [konkrete Beschreibung der entsprechenden Immobilie] jederzeit verkaufen. Von der gesetzlichen Verfügungsbeschränkung wird er ausdrücklich befreit.
[Oder]
Der Vorerbe darf das im Nachlass befindliche Hausgrundstück ____ [konkrete Beschreibung der entsprechenden Immobilie] mit Grundpfandrechten belasten, wenn dies für die Instandsetzung und Instandhaltung oder für Um- oder Ausbauten erforderlich ist. Im Übrigen bleibt es in vollem Umfang bei den gesetzlichen Beschränkungen und Verpflichtungen des Vorerben.

Erbrechtliche Verfügungen im eigenhändigen Testament

Ihre erbrechtlichen Verfügungen können Sie in einem eigenhändigen Testament treffen. Das ist die am häufigsten gewählte Testamentsform. Das eigenhändige Testament können Sie, ohne ein Notariat oder eine andere öffentliche Stelle einzuschalten, durch eine handschriftlich verfasste und unterschriebene Erklärung errichten.

→ TIPP

Die Form des eigenhändigen Testaments hat den Vorteil, dass keine Kosten anfallen und dass Sie das Testament einfach und bequem errichten können. Der Kostenvorteil wird allerdings häufig dadurch relativiert, dass nach dem Erbfall ein Erbschein erforderlich ist, wenn eine Immobilie im Grundbuch umgeschrieben werden soll. Das eigenhändige Testament können Sie jederzeit widerrufen oder ändern. Allerdings kann es leichter verloren gehen; und schlimmer noch ist, wenn es im Erbfall nicht auffindbar ist. Häufig ist das eigenhändige Testament nicht klar und eindeutig formuliert, sodass unklare und mehrdeutige Formulierungen die Umsetzung erschweren und Ihr wirklicher Wille unter Umständen letztlich nicht berücksichtigt wird.

Testierfähigkeit des Erblassers

Ein wirksames Testament kann nur von einer testierfähigen Person errichtet werden. Bei einem eigenhändigen Testament sind nur Personen testierfähig, die das 18. Lebensjahr vollendet haben. Errichtet eine testierunfähige Person ein Testament, so ist dieses nichtig. Es bleibt auch dann unwirksam, wenn die Person später die Testierfähigkeit (wieder-)erlangt. Die nunmehr testierfähige Person muss also ein neues Testament errichten.

BEISPIEL

Die 17-jährige Lina Schwarz hat ein handschriftliches Testament verfasst. Dieses Testament ist unwirksam, weil Lina zum Zeitpunkt der Testamentserrichtung noch nicht volljährig ist. Es bleibt auch unwirksam, als Lina das 18. Lebensjahr vollendet. Sie muss ein neues Testament verfassen, wenn sie möchte, dass ihr Testament wirksam ist.

Wer wegen krankhafter Störung der Geistestätigkeit, wegen Geistesschwäche oder wegen Bewusstseinsstörung nicht in der

Lage ist, die Bedeutung einer von ihm oder ihr abgegebenen Willenserklärung zu begreifen und danach zu handeln, kann kein Testament errichten. Der oder die Testierende muss in der Lage sein, die für und gegen eine letztwillige Verfügung sprechenden Gründe abzuwägen und sich aus eigener Überlegung, also unbeeinflusst von Dritten, ein klares Urteil zu bilden. Es genügt nicht, dass er oder sie überhaupt einen Wunsch äußern oder eine Meinung artikulieren kann. Entscheidend ist vielmehr, dass der oder die Testierende fähig ist, sich die Gründe, die für und gegen seine oder ihre Entscheidung sprechen, zu vergegenwärtigen und sie gegeneinander abzuwägen. Der oder die Testierende muss also in der Lage sein, sich selbstständig und aus eigener Kraft ein Urteil zu bilden. Das setzt voraus, dass es ihm oder ihr bei der Testamentserrichtung möglich ist, sich an Sachverhalte und Ereignisse zu erinnern, Informationen aufzunehmen, Zusammenhänge zu erfassen und Abwägungen vorzunehmen.

BEISPIEL

Eine Erblasserin ist als testierunfähig anzusehen, wenn sie aufgrund einer fortgeschrittenen Demenzerkrankung nicht mehr in der Lage ist, die Bedeutung und die Tragweite einer erklärten letztwilligen Verfügung einzusehen und nach einer solchen Einsicht zu handeln. Bei manisch-depressiven Zuständen (starke Stimmungsschwankungen) oder einer schizophrenen Psychose kann Testierunfähigkeit vorliegen, wenn die Person dadurch nicht mehr ihren freien Willen äußern kann.

Grundsätzlich kann auch eine unter Betreuung stehende Person wirksam ein Testament errichten. Die Anordnung einer Betreuung hat keinen Einfluss auf die Testierfähigkeit. Der oder die Betreute kann also ein Testament errichten und es widerrufen, es sei denn, er oder sie ist wegen seines oder ihres Gesundheitszustands testierunfähig.

Formelle Anforderungen

Ein eigenhändiges Testament ist nur wirksam, wenn Sie es in vollem Umfang handschriftlich verfassen. Der Text muss also von der ersten bis zur letzten Zeile mit der Hand geschrieben werden. Hilfsmittel wie

Schreibmaschine, Computer, Fotokopien oder Stempel sind nicht zulässig.

Der Text der Erklärung muss lesbar sein, andernfalls ist das Testament ungültig. Es ist egal, ob Sie die Erklärung in Schreibschrift oder in Druckbuchstaben verfassen. Wichtig ist, dass die charakteristischen Züge Ihrer Handschrift ohne Weiteres erkennbar sind. Das eigenhändige Testament muss nicht formvollendet sein. Es darf also Rechtschreibfehler, Streichungen oder Verbesserungen enthalten.

Ihr Testament müssen Sie eigenhändig unterschreiben und damit bestätigen, dass Ihre Erklärung ernsthaft ist und kein unverbindlicher Entwurf vorliegt. Die Unterschrift soll erkennen lassen, wer die Erklärung geschrieben hat, und gleichzeitig klarstellen, dass mit ihr eine rechtsverbindliche Verfügung abgeschlossen wird. Ihre Unterschrift soll Ihren Vornamen und Familiennamen enthalten. Im Gegensatz zu Ihrer Erklärung muss Ihre Unterschrift nicht leserlich sein. Sie muss aber die entsprechenden charakterlichen Merkmale aufweisen. Fehlt im Testament die Unterschrift, so ist es unwirksam.

Ihre Unterschrift muss den Wortlaut des Testaments abschließen. Sie muss also unter dem Text stehen. Es reicht nicht aus, dass Ihr Name irgendwo mitten im Text steht. Eine Unterschrift neben dem Text oder quer darüber am Rande der Niederschrift ist in der Regel keine Unterschrift, es sei denn, dass das Schriftstück vollgeschrieben ist und der Ort der Unterschrift gleichwohl wegen des Platzmangels die Abschlussfunktion erfüllt.

Kraft Gesetzes sollen Sie Ihr Testament mit Orts- und Datumsangabe (Tag, Monat, Jahr) versehen. Fehlen diese Angaben, ist Ihr Testament zwar nicht zwangsläufig unwirksam. Aus Beweisgründen wird jedoch dringend empfohlen, den Zeitpunkt der Errichtung des Testaments anzugeben. Wenn nämlich mehrere sich widersprechende Testamente vorliegen, kann fraglich sein, welches Testament das aktuelle ist. Außerdem können sich unter Umständen Zweifel an der Wirksamkeit des Testaments ergeben, beispielsweise wenn der Erblasser testierunfähig geworden ist und nicht festgestellt werden kann, ob er das Testament zu einem Zeitpunkt errichtet hat, an dem er noch testierfähig war.

BEISPIEL

Formulierungshilfe: eigenhändiges Testament mit Erbeinsetzung

Hiermit setze ich _____ [Vor- und Familiennamen des Erben einsetzen] als Alleinerben ein.
Vorsorglich widerrufe ich alle etwaigen früheren Verfügungen von Todes wegen.
[Oder]
Hiermit setze ich _____ und _____ [Vor- und Familiennamen der Erben einsetzen] zu gleichen Teilen als Erben ein.
Vorsorglich widerrufe ich alle etwaigen früheren Verfügungen von Todes wegen.
_________ [Ort], den ________ [Datum]
[Unterschrift des Erblassers oder der Erblasserin]

Aufbewahrung

Ihr eigenhändiges Testament können Sie an jedem beliebigen Ort aufbewahren. Es ist sinnvoll, dass Sie eine vertrauenswürdige Person über den Aufbewahrungsort informieren. Andernfalls besteht die Gefahr, dass das Testament nicht oder erst längere Zeit nach dem Erbfall gefunden wird.

Sie können Ihr Testament auch in amtliche Verwahrung geben, um es vor Verlust oder Fälschung zu schützen. Die amtliche Verwahrung beim Amtsgericht kostet einmalig und pauschal 75 Euro (Stand 2025). Darüber hinaus wird ein hinterlegtes Testament immer im Zentralen Testamentsregister bei der Bundesnotarkammer erfasst. Für diese Eintragung fallen weitere Kosten an (Stand 2025 15,50 Euro).

Sie können Ihr Testament jederzeit wieder aus der amtlichen Verwahrung zurückverlangen. Die Rückgabe darf nur an Sie als Testamentsverfasser oder -verfasserin persönlich erfolgen. Wenn Sie Ihr eigenhändiges Testament aus der amtlichen Verwahrung zurücknehmen, hat dies – im Gegensatz zur Rücknahme eines notariellen Testaments – keinen Einfluss auf die Wirksamkeit des Dokuments.

Änderungen

Ihr einmal errichtetes eigenhändiges Testament können Sie jederzeit nachträglich ändern. Gründe dafür brauchen Sie nicht anzugeben. Beachten Sie, dass Sie bei Änderungen Ihres eigenhändigen Testaments die geltenden Formvorschriften beachten müssen; die Änderungen und Zusätze müssen also von Ihnen eigenhändig geschrieben sein. Änderungen und Ergänzungen in

Maschinenschrift sind ungültig; diese machen jedoch Ihre anderen formgerechten Anordnungen nur dann unwirksam, wenn anzunehmen ist, dass Sie sie nicht ohne die unwirksame Verfügung getroffen hätten.

Änderungen und Ergänzungen Ihres Testaments sind in mehreren Formen möglich:

- Sie können Ihr Testament ändern, indem Sie einzelne Verfügungen durchstreichen.
- Sie können Nachträge auf demselben Blatt Ihres Testaments oberhalb Ihrer Unterschrift vornehmen. In diesem Fall sind die Nachträge im Regelfall von Ihrer früheren Unterschrift gedeckt. Sie brauchen deshalb die Nachträge nicht gesondert zu unterschreiben. Entsprechendes gilt, wenn Sie anstelle des gestrichenen Textes einen neuen schreiben.
- Sie können Nachträge auf demselben Blatt unterhalb Ihrer Unterschrift vornehmen. In diesem Fall sollten Sie den Nachtrag gesondert unterzeichnen. Dies ist insbesondere dann erforderlich, wenn der nach Ihrer früheren Unterschrift stehende Zusatz eine weitere selbstständige Verfügung enthält.
- Sie können Änderungen oder Ergänzungen auch auf einem anderen Blatt vornehmen. In diesem Fall handelt es sich um eine neue Verfügung, die Sie in jedem Fall gesondert unterschreiben müssen.

Widerruf

Als Erblasserin oder Erblasser können Sie Ihr Testament jederzeit ohne Begründung widerrufen und die Erbfolge neu bestimmen. Ihr Widerrufsrecht erstreckt sich auf einzelne Verfügungen oder auf das gesamte Testament.

Sie können Ihr Testament durch ein neues Testament widerrufen. Dieses kann sich darauf beschränken, lediglich das alte zu widerrufen. Sie können neben dem Widerruf jedoch auch neue Verfügungen treffen. Das Widerrufstestament ist nur wirksam, wenn es den Formerfordernissen eines Testaments entspricht. Es bedarf allerdings nicht der gleichen Form wie das zu widerrufende. Der Widerruf eines eigenhändigen Testaments kann also auch durch ein notarielles Testament erfolgen und umgekehrt.

BEISPIEL

Formulierungshilfe: Widerrufstestament

Hiermit widerrufe ich mein am _____ errichtetes Testament.
[Oder]
Hiermit widerrufe ich mein am _____ errichtetes Testament und setze _______ [Vor- und Familiennamen einsetzen] zu meinem Alleinerben ein.
________ [Ort], den ______ [Datum]
[Unterschrift des Erblassers oder der Erblasserin]

Ihr Testament können Sie auch dadurch widerrufen, dass Sie die Testamentsurkunde vernichten oder verändern. Ihr Testament vernichten Sie beispielsweise, indem Sie es zerreißen, verbrennen oder zerschneiden. Verändern können Sie es etwa dadurch, dass Sie Texte ausradieren, durchstreichen oder unleserlich machen. In jedem Fall müssen Sie die Testamentsurkunde persönlich vernichten oder verändern, weil nur Sie wirksam das Testament errichten und widerrufen können.

GUT ZU WISSEN

Kein Widerruf liegt vor, wenn Ihr Testament lediglich nicht mehr auffindbar oder beiseitegeschafft worden ist. In diesem Fällen bleibt Ihr Testament gültig.

Durch die Errichtung eines neuen Testaments wird ein älteres Testament insoweit aufgehoben, als das spätere Testament mit ihm in Widerspruch steht. Von einem Widerspruch ist auszugehen, wenn sich die in den beiden Testamenten getroffenen Anordnungen gegenseitig ausschließen. Aufgehoben sind allerdings nur die sich widersprechenden Anordnungen, während andere Verfügungen in Ihrem früheren Testament weiterhin gelten.

Um Unklarheiten zu vermeiden, ist es sinnvoll, wenn Sie bei der Errichtung eines neuen Testaments sämtliche früheren Verfügungen ausdrücklich widerrufen.

BEISPIEL

In einem Testament haben Sie Ihren Sohn Theo als Alleinerben eingesetzt und Ihrem Bruder Heiner Ihr Auto vermacht. In einem späteren Testament setzen Sie Ihre Tochter Chris als Alleinerbin ein. Darüber hinaus enthält Ihr späteres Testament keine Anordnungen. Damit ist Ihre frühere Erbeinsetzung aufgehoben, während das Vermächtnis noch weiter gilt. Theo ist also nicht mehr Erbe, Ihr Bruder Heiner bekommt aber nach wie vor das Auto.

BEISPIEL

Formulierungshilfe: ausdrückliche Aufhebung früherer letztwilliger Verfügungen

Hiermit widerrufe ich alle von mir bisher getroffenen letztwilligen Verfügungen.
Ich setze ______ [Vor- und Familiennamen des Erben einsetzen] als Alleinerben ein.
[Ort], den ______ [Datum]
[Unterschrift des Erblassers]

Wenn Sie Ihr Testament ganz oder teilweise widerrufen, werden die Verfügungen sofort und unmittelbar aufgehoben. Es gilt dann entweder ein früheres Testament, wenn Sie bereits ein wirksames Testament errichtet haben, oder es gilt die gesetzliche Erbfolge.

Erbrechtliche Verfügungen im notariellen Testament

Anstelle eines eigenhändigen Testaments können Sie ein notarielles Testament errichten. Dies nennt man auch „öffentliches Testament". Dabei können Sie gegenüber dem Notar Ihren letzten Willen erklären oder diesem ein Schriftdokument mit der Erklärung übergeben, dass dieses Ihren letzten Willen enthält.

→ TIPP

Ein notarielles Testament hat den Vorteil, dass Sie sich bei Bedarf eingehend vom Notar oder von der Notarin beraten lassen können. Fehler und Unklarheiten können so vermieden werden. Da ein notarielles Testament immer amtlich verwahrt, also im Zentralen Testamentsregister eingetragen werden muss, ist gewährleistet, dass das Testament nicht verloren geht oder unterdrückt wird. Im Übrigen wird durch ein notarielles Testament ein Erbschein, dessen Erteilung oft lange dauert und Kosten verursacht, im Regelfall überflüssig. Andererseits entstehen aber bei der Errichtung des notariellen Testaments wiederum Kosten, die Sie – im Gegensatz zum Erbschein, der von den Erben bezahlt werden muss – selbst tragen müssen.

Errichtung des Testaments

Ein notarielles Testament können Sie zur Niederschrift des Notars in folgenden Formen errichten:

- → durch mündliche Erklärung,
- → durch Übergabe einer offenen Schrift,
- → durch Übergabe einer verschlossenen Schrift.

Im Regelfall wird das notarielle Testament errichtet, indem Sie zur Niederschrift des Notars Ihren letzten Willen erklären. Das Gesetz verlangt, dass Sie Ihren Willen persönlich erklären. Eine telefonische Erklärung ist also nicht ausreichend. Es ist nicht erforderlich, dass Sie Ihren Willen als Ganzes in zusammenhängender Rede vorbringen. Es reicht aus, wenn Sie im Gespräch mit der Notarin oder dem Notar Erklärungen abgeben, zum Beispiel im Wege von Fragen und Antworten. Auch schlüssige Handlungen genügen, wie zum Beispiel Kopfnicken auf eine Frage der Notarin oder des Notars.

Im Rahmen der Errichtung eines notariellen Testaments durch mündliche Erklärung zur Niederschrift hat die Notarin oder der Notar eine Reihe von Belehrungs- und Aufklärungspflichten. Ganz allgemein muss die Notarin oder der Notar Ihren Willen erforschen, den Sachverhalt klären, Sie über die rechtliche Tragweite Ihres Testaments belehren und Ihre Erklärungen klar und unzweideutig in der Niederschrift wiedergeben.

Sie können ein notarielles Testament auch in der Form errichten, dass Sie der Notarin oder dem Notar eine offene Schrift mit dem Hinweis übergeben, dass diese Schrift Ihren letzten Willen enthält. Die der Notarin oder dem Notar übergebene Schrift muss von Ihnen als Erblasserin oder Erblasser nicht eigenhändig geschrieben sein; das Testament können Sie also auch mit einer Schreibmaschine oder einem Computer verfasst haben.

→ TIPP

Die Errichtung des notariellen Testaments in der Form, dass dem Notar oder der Notarin eine offene Schrift übergeben wird, kommt insbesondere dann in Betracht, wenn Sie sich bei der Errichtung des Testaments bereits fachkundig, zum Beispiel durch einen Anwalt, haben beraten lassen.

Bei der Errichtung des notariellen Testaments durch Übergabe einer Schrift entfällt die Beratung des Notars. Der Notar muss eine Niederschrift aufnehmen, das heißt, diesen Vorgang protokollieren. Die Niederschrift muss auch die Feststellung enthalten, dass die Schrift vom Erblasser oder von der Erblasserin übergeben worden ist.

Wollen Sie als Erblasser oder Erblasserin ein notarielles Testament durch Übergabe einer verschlossenen Schrift errichten, müssen Sie das verschlossene Schriftstück dem Notar mit der Erklärung übergeben, dass es Ihren letzten Willen enthält. Auch in diesem Fall müssen Sie die übergebene Schrift nicht eigenhändig geschrieben haben; das Testament kann also auch mit einer Schreibmaschine oder einem Computer ausgefertigt sein. In der Praxis ist diese Form der Errichtung eines notariellen Testaments eher selten. Sie kommt insbesondere dann in Betracht, wenn der Erblasser oder die Erblasserin den Inhalt seiner oder ihrer Verfügung von Todes wegen geheim halten will.

Amtliche Verwahrung

Ein notarielles Testament wird von dem beurkundenden Notar unverzüglich in die amtliche Verwahrung gebracht. Für die amtliche Verwahrung sind die Amtsgerichte sachlich zuständig.

Der beurkundende Notar muss das Testament dem Zentralen Testamentsregister melden. Dort sind alle erbfolgerelevanten Urkunden in notarieller oder gerichtlicher Verwahrung registriert.

Die Gebühr für die Verwahrung bei Gericht beträgt einmalig 75 Euro (Stand 2025). Weitere Kosten fallen für die Registrierung im Zentralen Testamentsregister bei der Bundesnotarkammer an (2025: 15,50 Euro für jede testierende Person).

Notarkosten

Für das notarielle Testament berechnet das Notariat nach dem Gerichts- und Notarkostengesetz eine volle Gebühr nach dem Geschäftswert, hinzu kommt eine Dokumentenpauschale für Ausfertigungen, Kopien und Ausdrucke. Der Geschäftswert bemisst sich nach dem vorhandenen Vermögen des Erblassers, soweit dieser über den gesamten Nachlass verfügt. Verbindlichkeiten werden vom Aktivvermögen bis zur Hälfte des Aktivvermögens abgezogen.

> **BEISPIEL**
>
> Bei einem Nachlasswert von beispielsweise 25.000 Euro beläuft sich die Gebühr auf 115 Euro, von 50.000 Euro auf 165 Euro, von 200.000 Euro auf 435 Euro, jeweils zuzüglich der gesetzlichen Mehrwertsteuer.

Widerruf des Testaments

Wie das eigenhändige kann das notarielle Testament in den auf → Seite 57 genannten Formen widerrufen werden. Beim Widerruf eines notariellen Testaments gilt, anders als beim eigenhändigen Testament, jedoch eine Besonderheit. So gilt ein notarielles Testament als widerrufen, wenn es auf Verlangen des Erblassers oder der Erblasserin aus der amtlichen Verwahrung zurückgegeben wird. Als Erblasser oder Erblasserin können Sie jederzeit die Rückgabe Ihres Testaments aus der amtlichen Verwahrung verlangen.

> **ACHTUNG**
>
> Ein notarielles Testament gilt kraft Gesetzes als widerrufen, wenn die in amtliche Verwahrung genommene Urkunde dem Erblasser oder der Erblasserin zurückgegeben wird. Ob er oder sie diese Rechtsfolge kannte oder ob er oder sie mit der Rücknahme überhaupt beabsichtigt hat, das Testament zu widerrufen, hat keine Bedeutung.

Erbrechtliche Verfügungen im gemeinschaftlichen Testament von Eheleuten

Für Eheleute sieht das Gesetz eine Testamentsform vor, die deren besondere Interessen berücksichtigt: das gemeinschaftliche Testament. Dieses Testament hat eine Besonderheit: Sie können darin sogenannte wechselbezügliche Verfügungen treffen, die sowohl für den Tod des einen wie auch für den Tod des anderen Ehepartners gelten. Diese können nicht ohne Weiteres geändert oder aufgehoben werden.

Das gemeinschaftliche Testament entspricht dem Wunsch vieler Eheleute, gemeinsam über ihr Vermögen nach dem Tod zu verfügen. Deshalb ist das gemeinschaftliche Testament weit verbreitet. Häufig beschränken sich Eheleute mit Kindern nicht darauf, sich gegenseitig als Erben einzusetzen mit der Folge, dass der länger lebende Ehepartner nach Eintritt des Erbfalls Inhaber des gesamten Ehevermögens wird. Vielmehr regeln sie außerdem, dass das gesamte Vermögen beim zweiten Erbfall auf die Kinder übergehen soll. Man spricht in diesem Zusammenhang vom Berliner Testament (→ Seite 71).

GUT ZU WISSEN

Gemeinschaftliches Testament nur für Verheiratete

Ein gemeinschaftliches Testament kann nur von Eheleuten errichtet werden. Unverheiratete Personen wie Verlobte oder Partner in einer nicht ehelichen Lebensgemeinschaft können kein gemeinschaftliches Testament errichten. Sie können ihre erbrechtlichen Verfügungen nur in Einzeltestamenten vornehmen oder, wenn sie sich rechtlich binden wollen, erbvertragliche Regelungen treffen. Ein gemeinschaftliches Testament von unverheirateten Personen ist ungültig. Auch eine später geschlossene Ehe macht die vorher errichtete gemeinsame Verfügung nicht wirksam.

Wechselbezügliche Verfügungen

In einem gemeinschaftlichen Testament können dieselben Verfügungen wie in einem Einzeltestament getroffen werden. Möglich sind jedoch – und hier liegt die entscheidende Besonderheit – sogenannte wechselbezügliche Verfügungen.

Bei wechselbezüglichen Verfügungen trifft der eine Ehepartner eine Verfügung im Hinblick darauf, dass auch der andere eine entsprechende Verfügung vornimmt. Beide Verfügungen stehen in einem Gegenseitigkeitsverhältnis zueinander, das heißt, dass ein Partner gerade wegen der Verfügung des Partners so verfügt hat und dass seine Verfügung mit der anderen stehen und fallen soll.

Welche Verfügungen wechselseitig sein sollen, entscheiden die Eheleute. Als wechselseitige Verfügungen kommen allerdings nur die Erbeinsetzung, Vermächtnisse und Auflagen in Betracht. Die Enterbung, die Teilungsanordnung oder der Verzicht auf Erb- oder Pflichtteilsansprüche können hingegen nicht wechselbezüglich ausgestaltet werden.

Häufig ist es schwierig, Verfügungen in einem gemeinschaftlichen Testament nach ihrer Wechselbezüglichkeit zu beurteilen. Wenn Eheleute keine klaren und eindeutigen Anordnungen getroffen haben, bedürfen die Verfügungen der Auslegung. In einem gemeinschaftlichen Testament sollten Sie deshalb ausdrücklich und eindeutig festlegen, welche Verfügungen wechselbezüglich sein sollen.

BEISPIEL

Die Eheleute Helga und Günter Kamp wenden in ihrem gemeinschaftlichen Testament ihrer Nachbarin, die jahrelang für sie eingekauft hat, durch ein wechselbezügliches Vermächtnis 3000 Euro zu. In diesem Fall sind sie gegenseitig an ihre Verfügungen gebunden und können diese nur unter besonderen Voraussetzungen einseitig ändern oder widerrufen. Außerdem entziehen die Eheleute Kamp in ihrem Testament ihrem gemeinsamen Kind Holger den Pflichtteil. Diese Verfügung kann allerdings nicht wechselbezüglich ausgestaltet werden. Jeder Ehepartner kann diese Verfügung später allein ohne Weiteres ändern oder widerrufen.

BEISPIEL

Formulierungshilfe: gemeinschaftliches Testament mit gegenseitiger Erbeinsetzung

Wir, _____ [Vor- und Familiennamen des Ehepartners einsetzen] und _____ [Vor- und Familiennamen des anderen Ehepartners einsetzen], setzen uns gegenseitig zu alleinigen und unbeschränkten Erben ein.
Diese Verfügung ist wechselbezüglich. Fürsorglich widerrufen wir alle etwaigen früheren Verfügungen von Todes wegen.
__________ [Ort], den ______ [Datum]
[Unterschrift des Ehepartners]
Das ist auch mein letzter Wille.
__________ [Ort], den ______ [Datum]
[Unterschrift des anderen Ehepartners]

Form

Das gemeinschaftliche Testament können Sie als eigenhändiges oder notarielles Testament errichten.

Für das eigenhändige gemeinschaftliche Testament gelten im Prinzip dieselben formalen Anforderungen wie beim eigenhändigen Einzeltestament. Der Text des Testaments muss eigenhändig geschrieben sein. Das Testament muss von beiden

Ehepartnern eigenhändig unterschrieben sein. Die Unterschrift soll jeweils den Vornamen und Familiennamen enthalten. Das Testament soll mit Orts- und Datumsangabe (Tag, Monat, Jahr) versehen sein.

→ **TIPP**

Für ein wirksames eigenhändiges gemeinschaftliches Testament genügt es, wenn einer der Ehepartner den Text eigenhändig schreibt und unterzeichnet und der andere Ehepartner die gemeinschaftliche Erklärung eigenhändig mitunterzeichnet.

Zwar muss das gemeinschaftliche Testament nur von einer Person eigenhändig geschrieben und unterzeichnet und von der anderen nur mitunterzeichnet werden, gleichwohl kann es aus Beweisgründen sinnvoll sein, dass der oder die andere einen kurzen Zusatztext verfasst und damit nochmals seine oder ihre Zustimmung deutlich zum Ausdruck bringt.

Ein gemeinschaftliches notarielles Testament wird errichtet, indem die Eheleute dem Notar ihren letzten Willen erklären oder ihm ein schriftliches Dokument mit der Erklärung übergeben, dass diese Schrift ihren letzten Willen enthalte. Es gelten die für das notarielle Einzeltestament maßgebenden Grundsätze:

- → In der Regel wird das notarielle gemeinschaftliche Testament durch mündliche Erklärung zur Niederschrift des Notars erstellt. Das Gesetz verlangt, dass die Eheleute ihren Willen persönlich erklären. Über die Erklärung der Eheleute nimmt der Notar eine Niederschrift auf. Diese muss die Namen des Notars und der Beteiligten und die Erklärung enthalten. Die Niederschrift muss in Gegenwart des Notars vorgelesen, genehmigt und von den Eheleuten eigenhändig unterschrieben werden.
- → Ein notarielles gemeinschaftliches Testament zur Niederschrift eines Notars kann auch in der Form aufgesetzt werden, dass dem Notar eine Schrift mit der Erklärung übergeben wird, dass diese Schrift den letzten Willen der Eheleute enthält. Die Schrift kann dem Notar offen oder verschlossen übergeben werden. Die übergebene Schrift braucht nicht eigenhändig geschrieben zu sein; sie kann in jeder Form, also auch in Maschinenschrift, ausgefertigt sein.

Bei der Errichtung des notariellen Testaments entstehen, wie bereits erwähnt, Notarkosten. Die Kosten richten sich nach dem Wert des Nachlasses.

Aufbewahrung

Das eigenhändige gemeinschaftliche Testament kann an jedem beliebigen Ort aufbewahrt werden. Allerdings sollte gewährleistet sein, dass vertrauenswürdige Personen von dem Aufbewahrungsort wissen. Andernfalls besteht die Gefahr, dass das Testament nicht oder erst längere Zeit nach dem Erbfall gefunden wird.

Sie können ein eigenhändiges Testament auch in amtliche Verwahrung geben, um es vor Verlust oder Fälschung zu schützen. Die Verwahrung eines Testaments beim Nachlassgericht kostet einmalig und pauschal 75 Euro (Stand 2025). Hinzu kommt noch die die Gebühr für die Registrierung im Zentralen Testamentsregister. Durch die amtliche Verwahrung wird jedoch das eigenhändige Testament nicht zu einem notariellen Testament. Es bleibt nach wie vor eine Privaturkunde.

> **GUT ZU WISSEN**
>
> Die Rücknahme aus der amtlichen Verwahrung ist nur durch beide Eheleute gemeinsam und persönlich möglich. Auch bei der Rücknahme aus der amtlichen Verwahrung bleibt das eigenhändige gemeinschaftliche Testament wirksam.

Das notarielle gemeinschaftliche Testament wird nach der Beurkundung durch den Notar oder die Notarin in amtliche Verwahrung gebracht. Zuständig ist das Amtsgericht, in dessen Bezirk das Notariat seinen Sitz hat. Durch die amtliche Verwahrung des notariellen Testaments ist gewährleistet, dass das Testament nach dem Tod des erstversterbenden Ehepartners eröffnet wird.

> **ACHTUNG**
>
> Die Rücknahme des notariellen Testaments aus der amtlichen Verwahrung hat automatisch zur Folge, dass das Testament als widerrufen gilt. In diesem Fall gilt wieder die gesetzliche Erbfolge. Die Wirkung des Widerrufs tritt unabhängig vom Willen der vererbenden Personen ein. Sie ist endgültig und gilt auch dann, wenn die Eheleute über die Folgen der Rücknahme nicht belehrt wurden.

Widerruf

Ob und in welcher Form testamentarische Verfügungen in einem gemeinschaftlichen Testament aufgehoben werden können, hängt zunächst davon ab, ob es sich um einseitige oder wechselbezügliche Verfügungen handelt. Beim Widerruf von wechselbezüglichen Verfügungen ist zu berücksichtigen, ob dieser zu Lebzeiten der Eheleute oder nach dem Tod eines Ehepartners erfolgt.

Handelt es sich um einseitige Verfügungen, also Verfügungen, die nicht in einer Abhängigkeit zueinander stehen (zum Beispiel die Enterbung gesetzlicher Erben oder Teilungsanordnungen), kann jeder Ehepartner seine Verfügung im gemeinschaftlichen Testament frei widerrufen. Beispielsweise kann der Widerruf durch ein neues Testament erfolgen, dessen Inhalt sich darauf beschränkt, die einseitigen Verfügungen im gemeinschaftlichen Testament zu widerrufen, oder es kann ein neues Testament errichtet werden, das zu den einseitigen Verfügungen im gemeinschaftlichen Testament in Widerspruch steht. Die Zustimmung des anderen Ehepartners ist nicht erforderlich. Der Widerruf kann vor oder nach dem Tod des anderen Ehepartners erfolgen.

Beim Widerruf wechselbezüglicher Verfügungen ist von Bedeutung, ob diese zu Lebzeiten der Eheleute oder nach dem Tod eines Ehepartners aufgehoben werden sollen.

Wechselbezügliche Verfügungen in einem gemeinschaftlichen Testament können die Eheleute zu Lebzeiten jederzeit gemeinsam aufheben. Die Aufhebung kann erfolgen durch ein gemeinschaftliches Widerrufstestament, durch ein widersprechendes gemeinschaftliches Testament oder durch gemeinschaftliche Vernichtung des eigenhändigen Testaments.

BEISPIEL

Formulierungshilfe: Widerruf einseitiger Verfügungen

Hiermit widerrufe ich meine im gemeinschaftlichen Testament vom ______ verfügte ______ [Bezeichnung der einseitigen Verfügung, zum Beispiel Teilungsanordnung, Testamentsvollstreckung, Anordnung der Testamentsvollstreckung].

__________ [Ort], den ________ [Datum]
[Unterschrift des Ehepartners]

BEISPIEL

Formulierungshilfe: Widerruf wechselbezüglicher Verfügungen durch die Eheleute

Hiermit widerrufen wir, ______ und ______, unser am ______ errichtetes gemeinschaftliches Testament.

__________ [Ort], den ________ [Datum]
[Unterschrift des Ehepartners]
Das ist auch mein letzter Wille.
__________ [Ort], den ________ [Datum]
[Unterschrift des anderen Ehepartners]

Solange beide Ehepartner leben, kann keiner von ihnen wechselbezügliche Verfügungen im gemeinschaftlichen Testament durch eine Verfügung von Todes wegen einseitig widerrufen. Zu Lebzeiten beider Partner bleibt einem Ehegatten nur die Möglichkeit, seine wechselbezügliche Verfügung zu widerrufen.

→ TIPP

Sie müssen persönlich vor dem Notar erscheinen, wenn Sie wechselbezügliche Verfügungen im gemeinschaftlichen Testament widerrufen wollen. Sie können sich also beispielsweise nicht durch einen Anwalt beim Notar vertreten lassen. Die Widerrufserklärung bedarf auch dann der notariellen Beurkundung, wenn Sie als Ehepaar das gemeinschaftliche Testament eigenhändig errichtet haben. Ihr Widerruf wird erst wirksam, wenn er Ihrem Ehepartner oder Ihrer Ehepartnerin zugeht. Dies muss in Form der Urschrift oder einer Ausfertigung der Widerrufserklärung geschehen. Es ist also nicht möglich, dass Sie hinter dem Rücken Ihres Ehepartners oder Ihrer Ehepartnerin wechselbezügliche Verfügungen widerrufen.

Der Widerruf einer wechselbezüglichen Verfügung hat grundsätzlich die Unwirksamkeit der Verfügung des anderen Ehepartners zur Folge.

BEISPIEL

Die Eheleute Denise und Thomas Krieger haben sich durch eine wechselbezügliche Verfügung gegenseitig als Alleinerben eingesetzt. Wenn Denise die Erbeinsetzung von Thomas formgerecht widerruft, ist auch ihre Erbeinsetzung durch Thomas automatisch aufgehoben. Sie ist damit nicht mehr Alleinerbin von Thomas.

Nach dem Tod Ihres Ehepartners können Sie wechselbezügliche Verfügungen grundsätzlich nicht mehr widerrufen. Sie sind an die wechselbezüglichen Verfügungen im gemeinschaftlichen Testament gebunden und dürfen keine Anordnungen treffen, die diese Verfügungen beeinträchtigen. So dürfen Sie zum Beispiel nicht ein als Schlusserbe eingesetztes Kind enterben oder für die Kinder andere Teilungsquoten bestimmen.

→ TIPP

Ausnahmsweise kann der länger lebende Ehepartner eine wechselbezügliche Verfügung widerrufen, wenn er die angefallene Erbschaft form- und fristgerecht ausschlägt. Die Ausschlagung kann er zur Niederschrift gegenüber dem Nachlassgericht oder in öffentlich beglaubigter Form vor einem Notar erklären. Die Ausschlagungsfrist beträgt sechs Wochen.

Unwirksamkeit bei Beendigung der Ehe

Das gemeinschaftliche Testament und die in ihm enthaltenen Verfügungen werden grundsätzlich unwirksam, wenn die Ehe durch rechtskräftiges Scheidungsurteil geschieden wird. Entsprechendes gilt, wenn zur Zeit des Todes des Erblassers oder der Erblasserin die Voraussetzungen für die Scheidung der Ehe gegeben waren und er oder sie die Scheidung beantragt oder ihr zugestimmt hatte.

Ausnahmsweise bleiben die Verfügungen im gemeinschaftlichen Testament in Kraft, wenn anzunehmen ist, dass sie auch für den Fall der Scheidung getroffen sein würden. Maßgebend ist dabei der Wille jedes einzelnen Ehepartners zu dem Zeitpunkt, an dem das gemeinschaftliche Testament errichtet wurde. Heiratet der Erblasser nach der Scheidung einen anderen Partner, ist die frühere Verfügung in aller Regel unwirksam. Sie ist nur ganz ausnahmsweise wirksam, wenn handfeste Nachweise für entsprechende Absichten des Erblassers vorliegen. Das kann beispielsweise dann der Fall sein, wenn die Ehepartner testamentarisch ausdrücklich festgelegt haben, dass die gemeinschaftlichen erbrechtlichen Verfügungen auch für den Fall der Scheidung gelten sollen. Ein gutes Verhältnis der Partner nach der Scheidung reicht allerdings nicht für die Annahme aus, dass die gemeinschaftlichen Verfügungen weitergelten sollen. Wer sich auf die Wirksamkeit eines gemeinschaftlichen Testaments oder einzelner Verfügungen beruft, nachdem die Ehe rechtskräftig geschieden wurde, muss dies im Streitfall beweisen.

→ TIPP

Wird Ihre Ehe geschieden, sollten Sie die in einem gemeinschaftlichen Testament getroffenen Verfügungen unbedingt überprüfen und – wenn Sie Ihre Verfügungen nicht mehr aufrechterhalten wollen – das Testament oder einzelne Verfügungen in notarieller Form widerrufen, um ihre Wirksamkeit zu beseitigen.

Übertragung der Immobilie durch Berliner Testament

Eine besondere Form des gemeinschaftlichen Testaments ist das Berliner Testament. Darin setzen sich die Eheleute gegenseitig als Erben ein und bestimmen, dass nach dem Tod des oder der Längstlebenden der beiderseitige Nachlass an einen Dritten fallen soll. Zusammen mit dem übrigen Nachlass wird also eine Immobilie nach dem Tod eines Ehepartners zunächst an den länger lebenden Partner übertragen und gleichzeitig ein zweiter Erbgang geregelt, nämlich die Erbfolge des länger lebenden Ehepartners.

Das sogenannte Berliner Testament bezweckt in erster Linie die finanzielle Absicherung des länger lebenden Ehepartners. Dieser wird Alleinerbe und muss nicht mit den Kindern den Nachlass im Rahmen einer Erbengemeinschaft teilen. Der länger lebende Ehepartner kann frei über den Nachlass verfügen. Befindet sich im Nachlass eine Immobilie, ist der länger lebende Ehepartner nach Eintritt des ersten Erbfalls Alleineigentümer. Das Berliner Testament weist allerdings eine Reihe von Schwachstellen auf, die Sie bei der Testamentsgestaltung unbedingt bedenken sollten. Einige dieser Schwachstellen können durch entsprechende testamentarische Gestaltungen ausgeglichen werden.

Inhalt

Neben Erbeinsetzungen können Sie im Berliner Testament noch weitere erbrechtliche Verfügungen treffen. In Betracht kommen insbesondere Vermächtnisse, Auflagen, eine Teilungsordnung und die Anordnung der Testamentsvollstreckung.

Gegenseitige Erbeinsetzung und Einsetzung von Schlusserben

Mit dem Berliner Testament setzen sich die Eheleute wechselseitig zu Erben ein und verfügen, dass nach dem Tod des oder der länger Lebenden der beiderseitige Nachlass an Dritte, im Regelfall an die Kinder, fallen soll.

> **BEISPIEL**
>
> Die Eheleute Nathalie und Jan Weber haben sich in einem Berliner Testament gegenseitig als Alleinerben eingesetzt. Nach dem Tod des länger lebenden Ehepartners sollen ihre gemeinsamen Kinder Carla und Tom zu gleichen Teilen Erben sein. Wenn Jan stirbt, ist zunächst seine Ehefrau Nathalie Alleinerbin. Die Kinder erben beim ersten Erbfall nichts. Nathalie kann zu Lebzeiten sowohl über ihr eigenes Vermögen als auch über die angefallene Erbschaft frei verfügen. Erbrechtlich ist sie allerdings an das gemeinschaftliche Testament gebunden. Nathalie kann für den Fall ihres Todes keine anderen Erben als die gemeinsamen Kinder einsetzen oder den Kindern andere Erbteile übertragen (Ausnahme: Sie schlägt beim Tod von Jan die Erbschaft aus). Stirbt Nathalie, geht ihr Vermögen, zu dem auch der Nachlass von Jan gehört, als einheitlicher Nachlass auf die Kinder über.

Im Berliner Testament wird nicht nur die Erbfolge unter den Eheleuten geregelt, sondern auch ein zweiter Erbgang, nämlich die Erbfolge des länger lebenden Ehepartners:

- **Gegenseitige Einsetzung als Allein- und Vollerbe (erster Erbfall):** Die Eheleute müssen sich im Rahmen des gemeinschaftlichen Testaments gegenseitig zum alleinigen Vollerben einsetzen. Die gegenseitige Einsetzung muss für den Fall des Todes des anderen Ehepartners erfolgen. Der eine Ehepartner muss also als Erbe des anderen für den Fall bestimmt werden, dass er diesen überlebt. Das Vermögen des einen muss auf den anderen übergehen und mit dessen Vermögen zu einer Einheit verschmelzen, um nach dem Tod des länger Lebenden an den oder die von den Eheleuten bestimmten Schlusserben überzugehen.
- **Einsetzung eines oder mehrerer Schlusserben (zweiter Erbfall):** Durch das Berliner Testament wird stets noch ein zweiter Erbgang geregelt: die Erbfolge des länger lebenden Ehepartners. Das gemeinschaftliche Vermögen, das dem länger lebenden Ehepartner nach dem ersten Erbfall zusteht, fällt dann nach seinem Tod einer oder mehreren Personen, den sogenannten Schlusserben, zu. Mehrere Schlusserben erben zu gleichen Erbteilen, wenn testamentarisch nichts anderes bestimmt ist.

BEISPIEL

Formulierungshilfe: Berliner Testament mit gegenseitiger Erbeinsetzung

Wir, _____ und _____, setzen uns gegenseitig zu alleinigen und unbeschränkten Erben ein. Nach dem Tod des länger Lebenden sollen unsere gemeinsamen Kinder _____ und _____ je zur Hälfte Schlusserben sein.
Diese Verfügung ist gegenseitig wechselbezüglich. Nach dem Tod eines Ehepartners kann der andere nach Annahme der Zuwendung die eigenen Verfügungen nicht mehr widerrufen.
__________ [Ort], den ______ [Datum]
[Unterschrift des Ehepartners]
Das ist auch mein letzter Wille.
__________ [Ort], den ______ [Datum]
[Unterschrift des anderen Ehepartners]

Das Berliner Testament entfaltet sowohl beim Eintritt des ersten als auch des zweiten Erbfalls erbrechtliche Folgen.

Der länger lebende Ehepartner wird beim Tod des anderen dessen Alleinerbe. Das Vermögen des verstorbenen und das des länger lebenden Ehepartners verschmelzen zu einer Einheit. Über den Nachlass des Erstverstorbenen kann der länger lebende Ehepartner grundsätzlich frei verfügen, ebenso über sein eigenes Vermögen.

Schlägt der länger lebende Ehepartner die Erbschaft des zuerst verstorbenen Partners aus, wird in der Regel der im Testament bestimmte Schlusserbe als Ersatzerbe des Vorverstorbenen eingesetzt. Dies gilt insbesondere, wenn von den Eheleuten die gemeinsamen Kinder als Schlusserben eingesetzt sind.

ACHTUNG

Nach dem Tod des Ehepartners ist der länger lebende Partner an seine wechselbezüglichen Verfügungen im Berliner Testament gebunden und kann sie nicht durch andere Verfügungen (zum Beispiel Enterbung der im Testament als Schlusserben eingesetzten Kinder oder Festlegung anderer Erbteile der Kinder) ändern. Nur wenn er die Erbschaft ausschlägt, kann der länger lebende Ehepartner seine Verfügung im Berliner Testament aufheben.

Sind die Schlusserben zugleich pflichtteilsberechtigt (zum Beispiel Kinder des Erblassers), können sie vom länger lebenden Ehepartner den Pflichtteil aus dem Nachlass verlangen, weil sie von der Erbfolge am Nachlass des Erstverstorbenen ausgeschlossen wurden (→ Seite 139).

BEISPIEL

Beate und Hans Müller haben sich im Berliner Testament wechselseitig als Alleinerben eingesetzt. Als Schlusserben haben sie zu gleichen Teilen ihre Kinder Marie und Leon bestimmt. Als Beate schwer erkrankt, kümmert sich Leon intensiv um seine Mutter, Marie hingegen lässt sich nie blicken. Während Beate nachsichtig mit ihrer Tochter ist und ihr auf dem Totenbett vergibt, ärgert sich Hans so über Maries Verhalten, dass er sie enterben möchte. Nach dem Tod von Beate schlägt er deshalb das Erbe seiner Ehefrau aus. Nun erben Marie und Leon zwar statt seiner das Vermögen von Beate, aber Hans verhindert so, dass nach seinem Tod sein eigenes Vermögen ebenfalls zu gleichen Teilen an Marie und Leon geht. Hans setzt ein neues Testament auf, in dem er Leon als Alleinerben einsetzt.

Mit dem Tod des länger lebenden Ehepartners geht der Nachlass an die als Schlusserben eingesetzten Kinder über. Auf diese Weise geht das Vermögen beider Erblasser, das durch den ersten Erbfall zum einheitlichen Vermögen des länger lebenden Ehepartners geworden ist, auf die Schlusserben über.

Weitere erbrechtliche Verfügungen

Neben der Erbeinsetzung können Sie im Berliner Testament alle gesetzlich zulässigen erbrechtlichen Verfügungen treffen. In Betracht kommen insbesondere Vermächtnisse, Auflagen, Teilungsanordnungen und die Anordnung der Testamentsvollstreckung. Wechselbezüglich und damit mit Bindungswirkung können Sie allerdings nur die Erbeinsetzung, Vermächtnisse und Auflagen verfügen.

Schwachstellen des Berliner Testaments

Das Berliner Testament weist eine Reihe von Schwachstellen auf, die Sie bei der Nachlassplanung unbedingt bedenken sollten. Einige dieser Schwachstellen können durch entsprechende testamentarische Gestaltungen ausgeglichen werden.

Bindung des Ehepartners an die Erbeinsetzung der Kinder

Ein Problem des Berliner Testaments ist, dass der länger lebende Ehepartner an die wechselbezügliche Erbeinsetzung der Schlusserben (in der Regel der Kinder) nach dem Tod des erstversterbenden Partners gebunden ist. Diese einmal getroffene gemeinsame Verfügung ist für ihn verbindlich. So ist es ihm beispielsweise nicht möglich, von der wechselbezüglichen Einsetzung eines Kindes abzuweichen, wenn er sich mit dem Kind überworfen hat, ein Kind überschuldet oder besonders betreuungsbedürftig ist oder er es honorieren will, dass ein Kind seine Pflege im Alter übernommen hat.

→ **TIPP**

Es ist sinnvoll, dem länger lebenden Ehepartner die Möglichkeit einzuräumen, auf neue Lebensumstände zu reagieren. Dann kann er auf eine zwischen dem ersten und dem zweiten Erbfall eintretende neue Situation Einfluss nehmen. Welche Änderungen der länger lebende Ehepartner vornehmen darf, müssen die Eheleute abstimmen und im gemeinschaftlichen Testament entsprechend formulieren.

Es gibt verschiedene Möglichkeiten, zu regeln, dass und in welchem Umfang sich der länger lebende Ehepartner von der Bindung, das Kind als Schlusserbe einzusetzen, befreien kann. Entsprechende Klauseln können sich insbesondere darauf beziehen, dass der länger lebende Ehepartner durch ein neues Testament die für den zweiten Todesfall bestimmte Einsetzung des Kindes als Schlusserbe noch ändern darf. Als Abänderungsvorbehalte im gemeinschaftlichen Testament kommen insbesondere in Betracht:

- die unbeschränkte Möglichkeit, die Anordnung über die Schlusserbeneinsetzung zu ändern,
- Änderungen nur innerhalb des Kreises der Abkömmlinge der Eheleute,
- Änderungen nur innerhalb des Kreises der Verwandten der Eheleute,
- Änderungen nur hinsichtlich des Vermögens des länger lebenden Ehepartners.

Unbeschränkter Abänderungsvorbehalt: Dem länger lebenden Ehepartner wird durch testamentarische Verfügung die Möglichkeit eingeräumt, die im gemeinschaftlichen Testament festgelegte Einsetzung von Schlusserben zu ändern oder zu widerrufen. Die Änderungsmöglichkeiten werden nicht beschränkt. Änderungen stehen im Belieben des länger lebenden Ehepartners. Dieser erlangt im Falle der Änderung wieder seine volle Testierfähigkeit. Er kann testamentarisch über das gesamte Vermögen, also sowohl über das aus dem ersten Todesfall geerbte als auch über sein eigenes Vermögen, frei verfügen.

Beschränkung der Änderungsmöglichkeiten auf den Kreis der Abkömmlinge: Der länger lebende Ehepartner kann testamentarisch ermächtigt werden, von der gemeinsam festgelegten Einsetzung der Schlusserben abzuweichen. Gleichzeitig wird er aber dahingehend beschränkt, dass er als Schlusserben nur gemeinsame Abkömmlinge einsetzen darf (Kinder, Enkel, Urenkel usw.), nicht dagegen andere Personen. In diesem Rahmen darf der länger lebende Ehepartner dann testamentarisch über das gesamte Vermögen, also sowohl über das aus dem ersten Todesfall geerbte als auch über sein eigenes Vermögen, frei verfügen.

Beschränkung der Änderungsmöglichkeiten auf den Kreis der Verwandten: Der länger lebende Ehepartner kann testamentarisch ermächtigt werden, von der gemeinsam festgelegten Einsetzung der Schlusserben abzuweichen, gleichzeitig wird er aber dahingehend beschränkt, dass er als Schlusserben nur Verwandte einsetzen darf. In Betracht kommen Verwandte in gerader Linie (zum Beispiel Kinder, Enkel, Urenkel, Eltern, Großeltern) oder in der Seitenlinie (zum Beispiel Geschwister, Tanten, Onkel, Nichten, Neffen). In diesem Rahmen darf der länger lebende Ehepartner dann testamentarisch über das gesamte Vermögen, also sowohl über das aus dem ersten Todesfall geerbte als auch über sein eigenes Vermögen, frei verfügen.

Beschränkung der Änderungsmöglichkeiten auf das Vermögen des länger lebenden Ehepartners: Der länger lebende Ehepartner kann testamentarisch ermächtigt werden, von der gemeinsam festgelegten Einsetzung der Schlusserben abzuweichen. In diesem Fall kann der länger lebende Ehepartner testamentarisch nicht über das gesamte Vermögen verfügen. Dieses Gesamtvermögen setzt sich zusammen aus dem Vermögen des zuerst verstorbenen Ehepartners und dem eigenen Vermögen. Nur über sein eigenes Vermögen kann der länger lebende Ehepartner verfügen. Die Einsetzung des Schlusserben im gemeinschaftlichen Testament

BEISPIEL

Formulierungshilfe: Berliner Testament mit möglichen Abänderungsvorbehalten

Wir, ______ [Vor- und Familiennamen des Ehepartners einsetzen] und ______ [Vor- und Familiennamen des anderen Ehepartners einsetzen], setzen uns gegenseitig zu alleinigen und unbeschränkten Erben ein. Als Erben des länger lebenden Ehepartners setzen wir unsere gemeinsamen Kinder ______ und ______ [Vor- und Familiennamen der Schlusserben einsetzen] zu gleichen Teilen ein.

Der länger Lebende von uns ist ausdrücklich berechtigt, die für den zweiten Todesfall bestimmte Einsetzung unserer Kinder als Schlusserben durch Verfügungen von Todes wegen nach seinem freien Ermessen ganz oder teilweise zu ändern.

[Oder]

Der länger Lebende von uns ist ausdrücklich berechtigt, die für den zweiten Todesfall bestimmte Einsetzung unserer Kinder als Schlusserben durch Verfügungen von Todes wegen nach seinem freien Ermessen zu ganz oder teilweise ändern, jedoch nur innerhalb des Kreises unserer Abkömmlinge.

[Oder]

Der länger Lebende von uns ist ausdrücklich berechtigt, die für den zweiten Todesfall bestimmte Einsetzung unserer Kinder als Schlusserben durch Verfügungen von Todes wegen nach seinem freien Ermessen ganz oder teilweise zu ändern, jedoch nur innerhalb des Kreises unserer Verwandten.

[Oder]

Der länger Lebende von uns ist ausdrücklich berechtigt, die für den zweiten Todesfall bestimmte Einsetzung unserer Kinder als Schlusserben durch Verfügungen von Todes wegen nach seinem freien Ermessen ganz oder teilweise zu ändern, jedoch nur hinsichtlich seines eigenen Vermögens.

hinsichtlich des Vermögens des verstorbenen Ehepartners kann der länger lebende Partner nicht mehr ändern. Der Personenkreis, aus dem der länger lebende Partner den oder die Erben auswählt, ist nicht eingeschränkt. Er kann zum Beispiel auch dritte Personen, die nicht mit ihm verwandt sind, als Erben einsetzen.

Pflichtteilsansprüche der beim ersten Erbfall enterbten Kinder

Setzen sich Eheleute in einem gemeinschaftlichen Testament gegenseitig als Alleinerben ein und sollen ihre gemeinsamen Kinder erst nach dem Tod des länger lebenden Ehepartners das Vermögen beider erben, dann sind die Kinder beim ersten Erbfall zwangsläufig enterbt. Weil sie aber zu den gesetzlichen Erben gehören, können sie beim ersten Erbfall gegenüber dem länger lebenden Ehepartner Pflichtteilsansprüche geltend machen (Näheres zum Pflichtteil auf → Seite 139).

Beim ersten Erbfall enterbte Kinder, die vom länger lebenden Elternteil ihren Pflichtteil verlangen, können diesen unter Umständen in finanzielle Schwierigkeiten bringen. Insbesondere wenn eine Immobilie den wesentlichen Teil des Nachlasses darstellt, müsste der länger lebende Elternteil unter Umständen diese Immobilie verkaufen, um die Pflichtteilsansprüche erfüllen zu können.

Durch eine sogenannte Pflichtteilsstrafklausel im Testament können Sie zwar nicht verhindern, dass Ihre Kinder gleichwohl ihren Pflichtteilsanspruch geltend machen, Sie können jedoch durch eine entsprechende Gestaltung versuchen, die Kinder davon abzuhalten, ihren Pflichtteil zu verlangen. Insgesamt zielt eine entsprechende Klausel im Berliner Testament darauf ab, es für die Kinder beim ersten Todesfall wirtschaftlich weniger interessant zu machen, ihren Pflichtteil einzufordern.

→ TIPP

Pflichtteilsstrafklauseln sind entbehrlich, wenn die Eheleute ihr Kind dazu bewegen können, beim Tod des zuerst versterbenden Ehepartners auf seinen Pflichtteil zu verzichten. In diesem Fall muss sich der länger lebende Ehepartner beim ersten Erbfall nicht mit einem Pflichtteilsanspruch des Kindes auseinandersetzen. Eine solche Regelung muss vertraglich festgelegt und außerdem notariell beurkundet werden.

Pflichtteilsstrafklauseln

Pflichtteilsstrafklauseln sind in verschiedenen Varianten möglich:

Abänderungsvorbehalt bei Geltendmachung des Pflichtteils: Wenn Sie Druck auf Ihre Kinder ausüben möchten, damit sie ihren Pflichtteil beim Tod des erstversterbenden Elternteils nicht geltend machen, können Sie in das Berliner Testament einen Abänderungsvorbehalt aufnehmen. So kann testamentarisch dem länger lebenden Ehepartner die Befugnis eingeräumt werden, beim zweiten Erbfall über den Nachlass frei zu verfügen oder die Erbteile unter mehreren Kindern neu festzulegen, wenn beim ersten Erbfall Pflichtteilsansprüche von den Schlusserben geltend gemacht werden.

Automatische Enterbung und Beschränkung auf den Pflichtteil beim zweiten Erbfall: Um im Berliner Testament eingesetzte Schlusserben davon abzuhalten, beim ersten Erbfall den Pflichtteil zu verlangen, können Sie das Testament inhaltlich so gestalten, dass das als Schlusserbe eingesetzte Kind automatisch enterbt sein soll, wenn es beim Tod des erstversterbenden Elternteils gegen den Willen des länger lebenden Elternteils den Pflichtteil verlangt. Auch in diesem Fall kann das Kind beim Tod des länger lebenden Elternteils nur den Pflichtteil verlangen. Im Gegensatz zum Abänderungsvorbehalt, bei dem es im Ermessen des zuletzt versterbenden Elternteils steht, ob das als Schlusserbe eingesetzte Kind enterbt werden soll, erfolgt in diesem Fall die Enterbung automatisch, wenn das Kind beim Tod des erstversterbenden Elternteils den Pflichtteil verlangt.

> BEISPIEL
>
> Die Eheleute Kristina und Sigi Maisch leben im gesetzlichen Güterstand der Zugewinngemeinschaft. Sie haben sich in einem Berliner Testament gegenseitig als Alleinerben eingesetzt. Nach dem Tod des länger lebenden Ehepartners soll die gemeinsame Tochter Franziska Erbin sein. Als Sigi stirbt, wird Kristina Alleinerbin. Die Tochter ist zunächst von der Erbfolge ausgeschlossen. Sie kann gegen ihre Mutter Kristina den Pflichtteil geltend machen. Kraft Gesetzes würde der Tochter die Hälfte des Nachlasses zustehen. Der Pflichtteil beträgt die Hälfte des gesetzlichen Erbteils, also ein Viertel des Nachlasses. In dieser Höhe könnte Franziska einen Geldanspruch gegen ihre Mutter geltend machen.

Automatische Enterbung des Kindes und Verringerung des Pflichtteils beim zweiten Erbfall: Ehepaare mit mehreren Kindern haben die Möglichkeit, ein Kind doppelt zu „bestrafen“, wenn es beim Tod des erstversterbenden Elternteils seinen Pflichtteil verlangt, und das Kind zu „belohnen“, das beim ersten Erbfall seinen Pflichtteil nicht geltend macht. Die sogenannte Jastrow’sche Klausel ist eine verschärfte Form einer Pflichtteilsstrafklausel. Macht ein Kind beim Tod des erstversterbenden Elternteils seinen Pflichtteil geltend, so kann es beim Tod des länger lebenden Elternteils automatisch enterbt werden und darf nur seinen Pflichtteil verlangen. Die Höhe des Pflichtteils beim zweiten Todesfall hängt vom Wert des Nachlasses des länger lebenden Ehepartners ab. Diejenigen Kinder, die nach dem ersten Erbfall ihren Pflichtteil nicht geltend machen, erhalten aus dem Nachlass des Erstversterbenden eine Geldzuwendung in Form eines Vermächtnisses in Höhe ihres gesetzlichen Erbteils, die allerdings erst mit dem Tod des länger lebenden Elternteils fällig wird. Das hat zur Folge, dass der Nachlass des länger lebenden Elternteils durch die Vermächtnisse an Kinder, die beim ersten Erbfall ihren Pflichtteil nicht verlangt haben, geschmälert wird. Dadurch verringert sich beim zweiten Todesfall auch der Pflichtteil eines Kindes, das beim ersten Todesfall seinen Pflichtteil verlangt hat.

BEISPIEL

Formulierungshilfe: Berliner Testament mit möglichen Pflichtteilsstrafklauseln

Wir, ____ [Vor- und Familiennamen des Ehepartners einsetzen] und ____ [Vor- und Familiennamen des anderen Ehepartners einsetzen], setzen uns gegenseitig zu alleinigen und unbeschränkten Erben ein. Als Erben des länger lebenden Ehepartners setzen wir unsere gemeinsamen Kinder ____ und ____ [Vor- und Familiennamen der Schlusserben einsetzen] zu gleichen Teilen ein.

Falls eines unserer Kinder nach dem Tod des Erstversterbenden gegen den Willen des länger Lebenden den Pflichtteil verlangt, soll es auch nach dem Tod des länger Lebenden von uns enterbt sein und nur seinen Pflichtteil erhalten. Der länger Lebende von uns ist berechtigt, die Enterbung wieder rückgängig zu machen, indem er den enterbten Schlusserben durch eine Verfügung von Todes wegen wieder als Miterben einsetzt.

[Oder]

Falls eines unserer Kinder nach dem Tod des Erstversterbenden gegen den Willen des länger Lebenden den Pflichtteil verlangt, ist der länger Lebende berechtigt, das Kind und seine Abkömmlinge durch Testament von der Erbfolge auszuschließen.

[Oder]

Falls eines unserer Kinder nach dem Tod des Erstversterbenden gegen den Willen des länger Lebenden den Pflichtteil verlangt, soll es auch nach dem Tod des länger Lebenden von uns enterbt sein und nur seinen Pflichtteil erhalten. Kinder, die den Pflichtteil nicht verlangt haben, erhalten aus dem Nachlass des erstversterbenden Elternteils Geldvermächtnisse im Wert ihres gesetzlichen Erbteils. Diese werden nach dem Tod des länger lebenden Elternteils fällig.

Alternativen zum Berliner Testament

Neben dem Berliner Testament gibt es für Eheleute andere Möglichkeiten, ihren Nachlass jeweils im Sinne des länger lebenden Ehepartners zu regeln, die ebenfalls Vor- und Nachteile haben.

Einzeltestamente der Ehepartner

Wenn Eheleute ein Testament errichten wollen, haben sie die Wahl: Sie können jeweils Einzeltestamente errichten und dort gegenseitig abgestimmte Verfügungen treffen. Oder sie können ein gemeinschaftliches Testament verfassen und dort gemeinsam erbrechtliche Anordnungen festlegen. Einzeltestamente der Eheleute können zwar schnell etwaigen geänderten Lebensumständen angepasst werden, der Nachteil bei diesen Verfügungen von Todes wegen besteht aber darin, dass Änderungen vorgenommen werden können, ohne dass der andere Ehepartner davon erfahren muss. Dagegen können Verfügungen in einem gemeinschaftlichen Testament, die in einem Gegenseitigkeitsverhältnis stehen, nicht wirksam geändert werden, ohne dass der andere Ehepartner davon erfährt. Dieser Umstand trägt dem Bedürfnis von Eheleuten Rechnung, ihre wirtschaftlichen Verhältnisse auch für die Zeit nach dem Tod gemeinschaftlich regeln und in erster Linie den länger lebenden Ehepartner finanziell absichern zu wollen.

Ehegattentestament ohne Einsetzung von Schlusserben

Eheleute können sich in einem gemeinschaftlichen Testament, dem sogenannten Ehegattentestament, gegenseitig als Alleinerben einsetzen, im Gegensatz zum Berliner Testament aber auf die Regelung der Erbfolge nach dem Tod des länger lebenden Ehepartners verzichten. Nach dem Tod des länger lebenden Ehepartners gilt dann gesetzliche Erbfolge oder der länger lebende Ehepartner kann testamentarisch frei über das Vermögen, das aus seinem und dem Vermögen des erstverstorbenen Ehepartners besteht, verfügen. Er ist nicht – wie beim Berliner Testament – an die Bestimmung der Schlusserben gebunden.

Gegenüber dem Berliner Testament kann der länger lebende Ehepartner durch den Verzicht auf die Einsetzung von Schlusserben auf etwaige neue Lebensumstände besser reagieren, so zum Beispiel bei einem Zerwürfnis mit einem Kind oder bei Verschuldung eines Kindes. Andererseits kann er unter Umständen testamentarische Verfügungen treffen, die im Widerspruch zu den Interessen des erstverstorbenen Ehepartners stehen, zum Beispiel wenn er die Kinder enterbt und den neuen Lebenspartner als Erben einsetzt.

Das gemeinschaftliche Testament hat gegenüber dem Einzeltestament den Vorteil, dass es zwar zu Lebzeiten beider Eheleute von den Partnern einseitig widerrufen werden kann, der jeweils andere Partner jedoch durch Zustellung einer Ausfertigung des Widerrufs davon erfährt. Das Testament oder einzelne Verfügungen können also nicht heimlich widerrufen werden. Gegenüber dem Einzeltestament hat das gemeinschaftliche Testament den Nachteil, dass es zu Lebzeiten nur in notarieller Form widerrufen werden kann. Und nach dem Tod eines Ehepartners kann der länger Lebende wechselbezügliche Verfügungen nur dann widerrufen, wenn er die Erbschaft ausschlägt.

Ehegattentestament mit Einsetzung von Vor- und Nacherben

Anstelle eines Berliner Testaments können Eheleute ein gemeinschaftliches Testament in der Form errichten, dass sie zwar die Erbfolge nach dem Tod des länger lebenden Ehepartners gemeinsam regeln, der länger lebende Ehepartner aber nicht wie beim Berliner Testament Vollerbe, sondern nur Vorerbe des Nachlasses des Erstversterbenden wird. Als Nacherben werden dann die Kinder der Eheleute eingesetzt.

Wenn Eheleute sich in einem gemeinschaftlichen Testament gegenseitig als Vorerben und ihre Kinder als Nacherben einsetzen, führt dies beim ersten Erbfall zu zwei verschiedenen Vermögensmassen. Der länger lebende Ehepartner verfügt dann über den Nachlass, über den er nicht oder nur eingeschränkt verfügen darf, und über sein eigenes Vermögen, über das er frei verfügen kann. Die Schlusserben (Kinder) erben dann zwei Vermögensmassen: den Nachlass des erstverstorbenen Elternteils als dessen Nacherben und das Vermögen des zuletzt verstorbenen Elternteils als Vollerben. Die Anordnung der Vor- und Nacherbschaft als sogenannte Trennungslösung hat unter anderem folgende Konsequenzen (weitere Details dazu auf → Seite 125):

- → Der Vorerbe oder die Vorerbin kann nicht frei über den Nachlass verfügen. Beispielsweise kann er oder sie Grundbesitz nur mit Zustimmung der Nacherben verkaufen. Gleiches gilt für den Verkauf von verkehrsgängigen Wertpapieren (Wertpapiere, die durch Übergabe übertragen werden können).
- → Verfügbares Geld muss vom Vorerben oder von der Vorerbin mündelsicher angelegt werden, zum Beispiel auf Konten bei Banken mit gesetzlicher Einlagensicherung.

- Aus dem der Vorerbschaft unterliegenden Vermögen darf der länger lebende Ehepartner keine Schenkungen vornehmen. Eine Ausnahme sind Anstandsschenkungen wie zum Beispiel Geburtstags- und Weihnachtsgeschenke.
- Insgesamt kann der Vorerbe oder die Vorerbin nur über die „Früchte des Nachlasses" (zum Beispiel die Mieteinnahmen bei einer Immobilie), nicht aber über den Vermögensstamm verfügen.

Im Testament kann der länger lebende Ehepartner im gesetzlich vorgegebenen Rahmen von einigen der gesetzlichen Beschränkungen und Verpflichtungen befreit werden, zum Beispiel von Verfügungsbeschränkungen über Grundstücke, nicht aber vom Verbot, Schenkungen aus dem Nachlass vorzunehmen. Man spricht dann vom „befreiten Vorerben".

BEISPIEL

Formulierungshilfe: gemeinschaftliches Testament mit Vor- und Nacherbfolge

Wir, _____ [Vor- und Familiennamen des Ehepartners einsetzen] und _____ [Vor- und Familiennamen des anderen Ehepartners einsetzen], setzen uns gegenseitig zu alleinigen Vorerben ein. Nacherben des Erstversterbenden sollen unsere gemeinsamen Kinder _____, _____ und _____ [Vor- und Familiennamen der Schlusserben einsetzen] zu gleichen Teilen ein.
Die Vorerben sind von allen gesetzlichen Beschränkungen und Verpflichtungen, soweit gemäß Paragraf 2136 BGB zulässig, befreit.
Der länger Lebende von uns setzt unsere gemeinsamen Kinder zu gleichen Teilen zu seinen Erben ein. Er ist berechtigt, diese Erbeinsetzung jederzeit, auch nach dem Tod des Erstversterbenden, einseitig zu ändern.

Durch die Vor- und Nacherbfolge können Eheleute sicherstellen, dass das Vermögen in der Familie bleibt und nicht an fremde Dritte (zum Beispiel Schwiegerkinder) übergeht. Den Nacherben kann die Substanz des Nachlasses erhalten werden, während dem Vorerben lediglich die Nutzung des Nachlasses gewährt wird. Bezogen auf eine Immobilie im Nachlass bedeutet das, dass der Vorerbe die Immobilie nicht verkaufen darf (es sei denn, die Nacherben stimmen dem Verkauf zu), sondern sie nur selbst nutzen oder vermieten kann. Die Anordnung der Vor- und Nacherbfolge führt allerdings häufig zu Problemen und Belastungen zwischen Vor- und Nacherben. Diese verfolgen naturgemäß unterschiedliche Interessen. Die Vor- und Nacherbfolge in einem gemeinschaftlichen Testament ist ein kompliziertes testamentarisches Gestaltungsinstrument. Deshalb empfehlen wir dringend eine fachkundige Beratung.

→ TIPP

In einem Ehegattentestament kann die Vor- und Nacherbfolge unter Umständen sinnvoll sein, wenn der länger lebende Ehepartner von den Erträgen des Nachlasses (zum Beispiel von den Mieteinnahmen der Immobilien im Nachlass) oder von seinem sonstigen Vermögen leben kann. Es kann außerdem sinnvoll sein, wenn ein Ehepartner seinen Partner aus zweiter Ehe versorgen und seine Kinder aus erster Ehe als Nacherben einsetzen will. In diesem Fall muss er seinen Ehepartner als Vorerben und seine Kinder als Nacherben des Ehepartners einsetzen. Das Vermögen fällt dann seinen leiblichen Abkömmlingen zu, während seinem länger lebenden Ehepartner zuvor die Nutzung und die Erträge des Nachlasses zustehen.

Übertragung der Immobilie durch Erbvertrag

Sie können statt in einem Testament auch in einem Erbvertrag Verfügungen von Todes wegen über Ihr Vermögen und damit auch über eine Immobilie treffen. Beim Erbvertrag handelt es sich im Gegensatz zum Testament, durch das Sie einseitig Verfügungen treffen, um einen Vertrag, durch den eine Bindung des Erblassers an seine Verfügungen erreicht werden soll. Die im Erbvertrag getroffenen Vereinbarungen sind für die Vertragspartner verbindlich und können zumeist nicht einseitig von einem Partner geändert werden.

Der Erbvertrag ist vor allem für Paare, die in einer nicht ehelichen Lebensgemeinschaft leben, eine geeignete Form, gemeinsame erbrechtliche Verfügungen zu treffen. Diese Paare können nämlich nicht ein gemeinschaftliches Testament aufsetzen. Durch einen Erbvertrag können sich die Partner erbrechtlich bindend gegenseitig zu Erben einsetzen. Damit ist gewährleistet, dass keiner der Partner ohne Wissen des anderen seine Verfügung von Todes wegen ändern oder widerrufen kann. Der Abschluss eines Erbvertrags kann zudem dann sinnvoll sein, wenn eine Person sich ihrer Erbschaft sicher sein möchte. Das kann beispielsweise der Fall sein, wenn ein Kind des Erblassers bereits im Vorgriff auf die zu erwartende Erbschaft die Instandhaltung und Modernisierung einer Immobilie finanziert, die dem Erblasser gehört, oder den Erblasser betreut und gepflegt oder finanziell unterstützt hat.

Inhalt

Im Erbvertrag können Sie alle Verfügungen treffen, die auch in einem Testament möglich sind. Im Gegensatz zum Testament sind aber bestimmte Anordnungen, die sogenannten vertragsmäßigen Verfügungen, bindend. Vertragsmäßig können nur Erbeinsetzungen, Vermächtnisse und Auflagen getroffen werden. Zwar können auch Verfügungen anderen Inhalts (zum Beispiel Teilungsanordnung oder Anordnung einer Testamentsvollstreckung) vorgenommen werden, an diese ist der Erblasser oder die Erblasserin jedoch nicht vertragsmäßig gebunden. Sie haben die gleiche Wirkung wie testamentarische Verfügungen und können deshalb jederzeit einseitig widerrufen werden.

Mindestens eine Verfügung im Erbvertrag muss vertragsmäßig sein; andernfalls liegt kein Erbvertrag vor, sondern ein Testament. Welche Verfügungen vertragsmäßig, also bindend sein sollen, entscheiden die Vertragspartner.

Beachten Sie, dass Verfügungen wie Erbeinsetzung, Vermächtnis und Auflage, die vertragsmäßig ausgestaltet werden können, durch die Aufnahme in den Erbvertrag nicht zwangsläufig und ohne Weiteres vertragsmäßig bindend sind. Auch diese Verfügungen können einseitig ausgestaltet werden.

→ TIPP

Wegen der unterschiedlichen Bindungswirkung müssen Sie darauf achten, dass im Erbvertrag eindeutig zum Ausdruck kommt, welche Verfügungen vertragsmäßig und welche einseitig getroffen sind.

BEISPIEL

Formulierungshilfe: vertragsmäßige Verfügung

Unsere gegenseitige Einsetzung als Erben erfolgt wechselseitig vertragsmäßig bindend. Alle anderen Verfügungen sind einseitig getroffen; diese kann jeder von uns – auch nach dem Ableben des anderen Teils – nach seinem freien Ermessen aufheben und ändern.

Form

Für den Abschluss eines Erbvertrags ist die notarielle Beurkundung gesetzlich vorgeschrieben. Der Abschluss ist nur bei gleichzeitiger Anwesenheit beider Vertragspartner möglich. Der Vertragsschluss bedarf der gleichen Form wie die Errichtung eines notariellen Testaments. Der Erbvertrag muss also zur Niederschrift eines Notars entweder durch mündliche Erklärung oder durch Übergabe einer offenen oder verschlossenen Schrift errichtet werden.

Beim Abschluss eines Erbvertrags entstehen Notarkosten. Die Kosten richten sich nach dem Wert des Nachlasses. Für die Beurkundung sind nach dem Gerichts- und Notarkostengesetz zwei volle Gebühren zu entrichten.

BEISPIEL

Notarkosten Erbvertrag

Bei einem Nachlasswert von beispielsweise 50.000 Euro beläuft sich die Gebühr auf 330 Euro, von 80.000 Euro auf 438 Euro und von 20.000 Euro auf 870 Euro, jeweils zuzüglich Mehrwertsteuer. Die Kosten können vorab beim Notar erfragt werden.

Nach Abschluss des Erbvertrags nimmt der Notar diesen kraft Gesetzes in amtliche Verwahrung; darüber erhalten die Vertragsparteien einen Hinterlegungsschein. Die Rücknahme aus der amtlichen Verwahrung berührt die Gültigkeit des Erbvertrags nicht. Die Vertragspartner können die amtliche Verwahrung des Erbvertrags gegenüber dem Notar ausschließen.

Die amtliche Verwahrung eines Erbvertrags beim Nachlassgericht kostet einmalig und pauschal 75 Euro. Hinzu kommt noch die Gebühr für die Registrierung im Zentralen Testamentsregister.

Rechtswirkungen

Eine vertragsmäßige Verfügung im Erbvertrag schränkt die Testierfreiheit des Erblassers oder der Erblasserin ein. Durch den Erbvertrag

→ werden frühere letztwillige Verfügungen des Erblassers oder der Erblasserin aufgehoben, soweit sie das Recht des oder der vertragsmäßig Bedachten beeinträchtigen würden, und
→ sind spätere Verfügungen von Todes wegen, die das Recht eines oder einer vertragsmäßig Bedachten beeinträchtigen, unwirksam.

> GUT ZU WISSEN
>
> Sie sind als Erblasser oder Erblasserin nicht an einseitige Verfügungen im Erbvertrag gebunden. Sie können diese daher jederzeit wie beim Testament frei widerrufen.

Frühere testamentarische Verfügungen

Durch den Abschluss eines Erbvertrags wird eine frühere letztwillige Verfügung des Erblassers oder der Erblasserin aufgehoben, soweit sie das Recht des Vertragserben oder der Vertragserbin beeinträchtigen würde.

> BEISPIEL
>
> Haben Sie in einem Testament Ihren Sohn zum Alleinerben eingesetzt, so wird dieses Testament unwirksam, wenn Sie durch eine vertragsmäßige Verfügung im Erbvertrag Ihre Lebenspartnerin als Alleinerbin einsetzen.

Eine beeinträchtigende Verfügung liegt auch dann vor, wenn sie die Begünstigung des oder der vertragsmäßig Bedachten vermindert, beschränkt oder belastet.

> BEISPIEL
>
> Sie haben Ihren Sohn in einem Testament als Alleinerben eingesetzt und verfügen nun in einem Erbvertrag vertragsmäßig ein Vermächtnis zugunsten Ihrer Lebenspartnerin. In diesem Fall bleibt es zwar bei der Erbeinsetzung Ihres Sohnes, die vertragsmäßige Anordnung des Vermächtnisses schränkt jedoch das Erbe Ihres Sohnes ein.

Erbrechtliche Verfügungen vor Abschluss des Erbvertrags werden jedoch dann nicht durch vertragsmäßige Verfügungen im Erbvertrag aufgehoben, wenn diese selbst vorrangig verbindlich sind. Das betrifft insbesondere wechselbezügliche Verfügungen in einem gemeinschaftlichen Testament und vertragsmäßige Verfügungen in einem früheren Erbvertrag.

> BEISPIEL
>
> In einem gemeinschaftlichen Testament haben sich die Eheleute Hermann und Karin Schneider gegenseitig zu Alleinerben eingesetzt. Eine vertragsmäßige Verfügung in einem späteren Erbvertrag, durch die Hermann Schneider seine Schwester als Alleinerbin einsetzt, ist unwirksam.

Spätere erbrechtliche Verfügungen

Durch eine vertragsmäßige Verfügung im Erbvertrag werden Sie auch dahingehend in Ihrer Testierfreiheit beschränkt, dass spätere erbrechtliche Anordnungen unwirksam sind, die die Person beeinträchtigen, die Sie im Erbvertrag vertragsmäßig bedacht haben. Das gilt sowohl für Beeinträchtigungen durch ein Testament als auch durch einen Erbvertrag, die nach dem ursprünglichen Erbvertrag aufgesetzt wurden.

> **BEISPIEL**
>
> Sie haben Ihre Schwester durch vertragsmäßige Verfügung in einem Erbvertrag als Alleinerbin eingesetzt. Zu einem späteren Zeitpunkt setzen Sie Ihre Lebensgefährtin durch Testament als Alleinerbin ein. Das Testament ist unwirksam, weil es Ihre vertragsmäßig bedachte Schwester beeinträchtigt.

Freie Verfügbarkeit zu Lebzeiten

Vertragsmäßige Verfügungen in einem Erbvertrag haben ausschließlich erbrechtliche Wirkungen. Als Erblasserin oder Erblasser werden Sie nicht in Ihrem Recht beschränkt, über Ihr Vermögen durch Rechtsgeschäft unter Lebenden zu verfügen. Sie haben also auch das Recht, ein Grundstück, ein Haus oder eine Eigentumswohnung in Ihrem Vermögen zu verkaufen. Sie haben außerdem das Recht, aus Ihrem Vermögen Schenkungen vorzunehmen. Um einen Missbrauch und um ein Unterlaufen vertragsmäßiger Verfügungen durch Schenkungen zu Lebzeiten zu verhindern, erfahren die im Erbvertrag Begünstigten aber einen besonderen gesetzlichen Schutz.

Wenn Sie als Erblasserin oder Erblasser Schenkungen zu Lebzeiten in der Absicht vorgenommen haben, den im Erbvertrag vertraglich eingesetzten Erben zu beeinträchtigen, so kann der Vertragserbe, nachdem ihm die Erbschaft angefallen ist, vom Beschenkten die Herausgabe des Geschenks verlangen. Unter den Begriff der Schenkung fällt jede Art der Schenkung, also auch gemischte Schenkungen und Pflicht- und Anstandsschenkungen. Zu berücksichtigen ist, dass der Vertragserbe keinen Anspruch darauf hat, dass ein bestimmter Vermögenswert im Nachlass erhalten bleibt. Er hat es also grundsätzlich hinzunehmen, dass Sie als Erblasserin oder Erblasser Vermögenswerte aus dem Nachlass nehmen und diese verschenken. Nur wenn Sie Zuwendungen vornehmen, um damit objektiv dem Vertragserben zu schaden, kann dieser später die Herausgabe des Geschenks verlangen. Voraussetzung ist also, dass Sie Ihr Recht, zu Lebzeiten über Ihr Vermögen zu verfügen, missbrauchen. Das ist unter anderem aber dann nicht der Fall, wenn Sie selbst ein Interesse an der Schenkung haben; man spricht in diesem Zusammenhang vom sogenannten „lebzeitigen Eigeninteresse“. Um zu beurteilen, ob ein solches Eigeninteresse vorliegt, müssen für jeden konkreten Fall die Motive des Erblassers oder der Erblasserin objektiv bewertet werden.

> BEISPIEL
>
> Schenkungen zur Sicherung und Verbesserung Ihrer Altersversorgung oder Pflege erfolgen grundsätzlich nicht in der Absicht, den Vertragserben zu beeinträchtigen. Es gilt aber nicht als lebzeitiges Eigeninteresse, wenn Sie als Erblasser eine Schenkung gemacht haben, weil Sie festgestellt haben, dass Sie den Beschenkten im Rahmen einer Verfügung von Todes wegen zu gering bedacht haben.

Aufhebung

Der Erbvertrag kann durch die Vertragspartner auf verschiedene Weise aufgehoben werden:

- → durch einen notariell beurkundeten Aufhebungsvertrag,
- → durch ein Testament, wenn bei vertragsmäßigen Verfügungen lediglich ein Vermächtnis oder eine Auflage angeordnet ist,
- → bei Eheleuten durch ein gemeinschaftliches Testament.

Durch die Aufhebung des Erbvertrags erlangen Sie als Erblasserin oder Erblasser wieder Ihre volle Testierfreiheit.

Aufhebung durch Vertrag

Die Vertragspartner können den Erbvertrag durch einen Vertrag aufheben. Auf Ihr Recht, einen Erbvertrag aufzuheben, können Sie als Erblasserin oder Erblasser nicht verzichten. Eine entsprechende Klausel im Erbvertrag wäre also unwirksam.

Mit dem Aufhebungsvertrag können entweder alle oder nur einzelne Verfügungen von Todes wegen aufgehoben werden. Wird der gesamte Vertrag aufgehoben, sind hiervon im Zweifel auch die im Erbvertrag enthaltenen einseitigen Verfügungen aufgehoben.

> BEISPIEL
>
> Im Erbvertrag haben sich die Eheleute Anika und Tim Klein vertragsmäßig gegenseitig als Alleinerben eingesetzt. Als einseitige testamentarische Verfügung haben sie ihren beiden Kindern jeweils ein Vermächtnis beim ersten Erbfall zugewendet. Wenn das Ehepaar Klein den Erbvertrag vertraglich aufhebt, verlieren auch die Vermächtnisse an die Kinder ihre Gültigkeit.

Der Aufhebungsvertrag muss wie der Erbvertrag zur Niederschrift des Notars bei gleichzeitiger Anwesenheit beider Vertragsparteien geschlossen werden.

Aufhebung durch Testament

In Form eines Testaments können vertragsmäßige Verfügungen aufgehoben werden, durch die ein Vermächtnis oder eine Auflage angeordnet wurden. Nicht durch Testament aufgehoben werden kann allerdings eine vertragsmäßige Erbeinsetzung. Die Aufhebung der Anordnung eines Vermächtnisses oder einer Auflage ist nur dann wirksam, wenn der andere Vertragspartner zustimmt. Die Zustimmungserklärung bedarf zu ihrer Wirksamkeit der notariellen Beurkundung. Nach dem Tod des Vertragspartners kann die Zustimmung nicht mehr erteilt werden; das Zustimmungsrecht geht also nicht auf die Erben des Vertragspartners über.

Rücktritt vom Erbvertrag

Als Erblasser oder Erblasserin können Sie vom Erbvertrag zurücktreten, wenn Sie sich den Rücktritt im Vertrag ausdrücklich vorbehalten haben oder Sie sich auf ein gesetzliches Rücktrittsrecht berufen können.

Rücktrittsvorbehalt

Als Erblasser oder Erblasserin können Sie vom Erbvertrag zurücktreten, wenn Sie sich den Rücktritt im Vertrag vorbehalten haben. In diesem Fall steht Ihnen das Rücktrittsrecht nur persönlich zu. Der Rücktrittsvorbehalt kann auf einzelne vertragsmäßige Verfügungen beschränkt sein oder die erbvertraglichen Verfügungen insgesamt erfassen.

Wenn im Erbvertrag ein vorbehaltliches Rücktrittsrecht für den Fall einer Pflichtverletzung festgeschrieben ist (zum Beispiel, weil der Vertragspartner der Pflicht, den Erblasser zu pflegen, nicht nachkommt), muss der Erblasser unter Umständen zunächst den Vertragspartner abmahnen, bevor er von seinem Rücktrittsrecht Gebrauch machen darf. Bei einem eindeutigen Vertragsverstoß ist allerdings keine

> **BEISPIEL**
>
> Stefan Bauer hat mit seinem Sohn Max einen Erbvertrag geschlossen. Darin hat Stefan Bauer angeordnet, dass Max ihn, wenn nötig, im Alter pflegen soll. Für den Fall, dass Max dieser Verpflichtung nicht nachkommt, behält sich Stefan Bauer im Erbvertrag ein Rücktrittsrecht vor.

Abmahnung erforderlich. Eine Abmahnung ist ausnahmsweise nicht erforderlich, wenn Vertragspflichten und die Pflichtverletzungen klar und unmissverständlich vereinbart sind. Für den Rücktrittsberechtigten ist dies aber schwer beurteilen. Deshalb sollte in jedem Fall sicherheitshalber eine Abmahnung erfolgen.

Hinsichtlich der Rechtsfolgen des Rücktritts aufgrund eines Rücktrittsvorbehalts ist zu unterscheiden:

→ Sind in einem Erbvertrag von beiden Vertragspartnern bindende Verfügungen getroffen worden und tritt einer der Vertragspartner aufgrund eines Rücktrittsvorbehalts vom Erbvertrag zurück, so wird der Erbvertrag insgesamt unwirksam. In diesem Fall kann der Rücktritt nur bis zum Tod des anderen Vertragspartners erfolgen.
Nach dem Tod des anderen Vertragspartners besteht die Möglichkeit, die Zuwendung auszuschlagen und dann wieder neue wirksame Verfügungen zu treffen.

→ Hat nur der länger lebende Vertragspartner vertragsmäßige Verfügungen getroffen, kann er die Verfügung nach dem Tod seines Vertragspartners durch ein Testament aufheben.

Gesetzliche Rücktrittsrechte

Neben dem im Erbvertrag festgelegten vorbehaltlichen Rücktrittsrecht gibt es auch ein gesetzliches Rücktrittsrecht, das nicht ausdrücklich im Erbvertrag vermerkt ist, sondern, wie der Name schon sagt, von Gesetzes wegen gilt. Dieses Recht besteht bei Verfehlungen des oder der Bedachten, die die Entziehung des Pflichtteils rechtfertigen würden. In diesen Fällen kann dem Erblasser oder der Erblasserin nicht mehr zugemutet werden, am Vertrag festzuhalten. Das ist beispielsweise der Fall, wenn sich der Vertragspartner eines Verbrechens oder schweren vorsätzlichen Vergehens gegen den Erblasser oder einer ihm nahestehenden Person schuldig macht oder er eine gesetzliche Unterhaltspflicht gegenüber dem Erblasser böswillig verletzt. Allerdings kommen nur Verfehlungen in Betracht, die nach dem Abschluss des Erbvertrags begangen wurden, frühere

Verfehlungen des oder der Bedachten sind unerheblich. Das Rücktrittsrecht steht nur dem Erblasser oder der Erblasserin zu. Er oder sie kann im Voraus auf das gesetzliche Rücktrittsrecht nicht verzichten. Dass die Voraussetzungen für den Rücktritt vorliegen, muss der Erblasser beweisen. Liegen diese vor, kann der Erblasser oder die Erblasserin vom ganzen Erbvertrag oder nur hinsichtlich einzelner Verfügungen zurücktreten.

Der Erblasser kann auch dann vom Erbvertrag zurücktreten, wenn ihm der oder die Bedachte wiederkehrende Leistungen versprochen hat und die Leistungsverpflichtung vor dem Tod des Erblassers entfallen ist. Die nachträgliche Aufhebung der Verpflichtung kann beispielsweise auf einem Rücktritt oder einer Kündigung beruhen. In jedem Fall kommen ausschließlich Verpflichtungen aus einem Rechtsgeschäft (zum Beispiel vertragliche Unterhalts-, Renten- oder Pflegepflicht) in Betracht, eine gesetzliche Verpflichtung (zum Beispiel gesetzliche Unterhaltspflicht) reicht nicht aus. Hat also beispielsweise der Erblasser im Erbvertrag seinen Vertragspartner als Erben eingesetzt und hat sich im Gegenzug der Vertragspartner zu Pflegeleistungen gegenüber dem Erblasser verpflichtet, kann der Erblasser vom Erbvertrag zurücktreten, wenn die Vertragspartner die vertragliche Pflegeverpflichtung einvernehmlich aufgehoben haben, weil der Erblasser nun in einem Pflegeheim gepflegt wird.

Zu Lebzeiten des Vertragspartners erfolgt der Rücktritt durch persönliche Erklärung des Erblassers gegenüber dem Vertragspartner. Die Erklärung muss notariell beurkundet werden. Wenn der Vertragspartner bei dem Notartermin nicht anwesend ist, muss sie ihm in Urschrift oder als Ausfertigung der notariellen Urkunde zugehen. Nach dem Tod des Erblassers geht sein Rücktrittsrecht auf seine Erben über.

BEISPIEL

Formulierungshilfe: Rücktritt vom Erbvertrag

Frau ______ hat sich im Erbvertrag vom ______ mir gegenüber zu Pflegeleistungen verpflichtet. Im Gegenzug habe ich ihr ein Wohnungsrechtsvermächtnis zugewandt.
Nachdem Frau ______ seit ______ wegen Krankheit die Pflegeleistungen nicht mehr erbringen kann, trete ich hiermit vom Erbvertrag in vollem Umfang zurück. Der Notar wird beauftragt, Frau ______ eine Ausfertigung der Rücktrittserklärung durch den zuständigen Gerichtsvollzieher zustellen zu lassen.

Erbrechtliche Verfügungen zur Streitvermeidung bei mehreren Erben

In der Praxis ist es eher die Ausnahme, dass eine Person Alleinerbe ist. Im Regelfall fällt der Nachlass an mehrere Personen, eine sogenannte Erbengemeinschaft. Das gilt besonders dann, wenn der Erblasser oder die Erblasserin kein Testament errichtet hat und gesetzliche Erbfolge gilt.

Die Erbengemeinschaft ist eine sogenannte Gesamthandsgemeinschaft. Der Nachlass geht als Ganzes ungeteilt auf die Miterben über; er wird gemeinschaftliches Vermögen der Miterben. Dem Miterben oder der Miterbin einer Erbengemeinschaft steht aber nicht das Eigentum an bestimmten Bruchteilen zu; vielmehr gehören alle Gegenstände des Nachlasses den Miterben gemeinschaftlich. Der einzelne Miterbe oder die einzelne Miterbin hat also kein Teilrecht an einem Nachlassgegenstand. Alle Erben verwalten den Nachlass gemeinsam, bis er aufgeteilt ist. Das Ziel der Erbengemeinschaft ist in der Regel die Auflösung, also die Aufteilung des Nachlasses unter den Miterben, die sogenannte Auseinandersetzung (Näheres auf → Seite 165).

Probleme im Zusammenhang mit dem Nachlass können die Miterben einer Erbengemeinschaft nur gemeinschaftlich lösen.

Vor allem bei einer Immobilie im Nachlass verfolgen die einzelnen Miterben häufig völlig unterschiedliche Interessen, wenn etwa ein Miterbe die Eigentumswohnung verkaufen, die andere Miterbin sie selbst nutzen, der dritte Miterbe aber die Wohnung vermieten will. Oder wenn eine Erbin das geerbte Wohnhaus modernisieren will, der andere Miterbe es aber ablehnt, in die Immobilie zu investieren. Solche Konflikte innerhalb der Gemeinschaft können nicht nur zu Streitigkeiten innerhalb der Familie führen, sondern auch für den Nachlass finanzielle Nachteile haben.

Um Interessenkonflikte und Streitpotenzial innerhalb einer Erbengemeinschaft zu vermeiden und den Nachlass zu sichern und zu schützen, ist es sinnvoll, dass Sie als Erblasserin oder Erblasser entsprechende Vorkehrungen in Ihrem Testament oder im Erbvertrag treffen. Wenn sich die Bildung einer Erbengemeinschaft nicht verhindern lässt, sollten Sie erbrechtliche Anordnungen treffen, die eine spätere Aufteilung des Nachlasses erleichtern. Als Gestaltungsinstrumente stehen dafür insbesondere die Teilungsanordnung, das Teilungsverbot, das Vorausvermächtnis und die Auflage zur Verfügung. Indem Sie eine Testamentsvollstreckung anordnen, können Sie sicherstellen, dass Ihre Anordnungen von Ihren Erben tatsächlich berücksichtigt werden.

Übertragung einer Immobilie durch Teilungsanordnung

Sie können eine Erbeinsetzung nicht in der Form vornehmen, dass Sie Ihren „Erben", die rechtlich gesehen Vermächtnisnehmer sind, einzelne Gegenstände zuwenden (zum Beispiel „Mein Sohn soll die Eigentumswohnung, meine Tochter das Hausgrundstück erben"). Sie müssen einen oder mehrere Erben bestimmen, der Ihre Gesamtrechtsnachfolge antritt, der also in Ihre „rechtlichen Fußstapfen" tritt und unter anderem auch für die Nachlassverbindlichkeiten haftet. Die gegenständliche Erbeinsetzung ist nicht zulässig. Allerdings können Sie mit einer Teilungsanordnung einzelne Vermögensgegenstände im Nachlass Ihren Erben zuteilen und so Festlegungen für die Verteilung des Nachlasses unter den Erben treffen. Die Teilungsanordnung begründet allerdings kein Erbrecht an den zugewandten Gegenständen, sondern verpflichtet die Erbengemeinschaft nur, die Aufteilung des Nachlasses (sogenannte Auseinandersetzung) nach Ihrem Tod entsprechend Ihren Anweisungen durchzuführen.

Eine Teilungsanordnung beinhaltet lediglich Regelungen, welche Nachlassgegenstände ein Miterbe erhalten soll. Der zugeteilte Nachlassgegenstand wird wertmäßig auf den Erbteil des Miterben angerechnet. Übersteigt also beispielsweise die einem Miterben bei der Auseinandersetzung zugeteilte Immobilie den Wert des Erbteils dieses Miterben, muss er den anderen Miterben einen Ausgleich leisten.

→ TIPP

Mit einer testamentarischen Teilungsanordnung können Sie Streitigkeiten zwischen mehreren Erben vermeiden, indem Sie festlegen, welche Vermögenswerte einzelne Miterben erhalten sollen. Das ist insbesondere dann sinnvoll, wenn sich im Nachlass eine Immobilie befindet und Sie diese einem bestimmten Miterben übertragen wollen. Zudem kann eine Teilungsanordnung verhindern, dass einzelne Erben durch einen ungleichen Wert ihrer Erbschaft benachteiligt werden. Das ist vor allem dann wichtig, wenn sich im Nachlass neben einer Immobilie noch andere Gegenstände befinden (zum Beispiel Wertpapierdepots, Bankguthaben), die bei der Verteilung wertmäßig ausgeglichen werden müssen.

Inhalt der Teilungsanordnung

Teilungsanordnungen müssen Sie in Ihrem Testament treffen. Es ist nicht erforderlich, dass Sie im Testament außerdem Erbeinsetzungen vornehmen, denn Teilungsanordnungen können Sie auch anordnen, wenn die gesetzliche Erbfolge gilt.

Wichtig ist, dass Sie im Testament zum Ausdruck bringen, dass Sie keine Änderung der Erbteile der Miterben wünschen. Sie können sich zwar ohne näheren Hinweis darauf beschränken, den Miterben bestimmte Nachlassgegenstände zuzuweisen, um jeglichen Zweifel zu vermeiden, ist es jedoch sinnvoll, ausdrücklich darauf hinzuweisen, dass die Zuteilung von Nachlassgegenständen unter Anrechnung auf den Erbteil des jeweiligen Miterben erfolgt. Der Erbe muss sich den Wert des ihm zugewendeten Nachlassgegenstands voll auf seinen Erbteil anrechnen lassen. Ist der Wert des zugewiesenen Gegenstands höher als der Erbteil, muss der Ausgleich mit den anderen Erben aus dem Privatvermögen des Erben erfolgen.

BEISPIEL

Formulierungshilfe: Testament mit Teilungsanordnung

Ich, ______ [Vor- und Familiennamen des Erblassers einsetzen], setze ______ und ______ [Vor- und Familiennamen des Miterben einsetzen] zu gleichen Teilen als Erben ein. Die Nachlassgegenstände sind unter den Miterben wie folgt aufzuteilen:

______ [Vor- und Familiennamen des Miterben einsetzen] erhält unter Anrechnung auf seinen Erbteil das Hausgrundstück ______ [genaue Bezeichnung der Immobilie].

______ [Vor- und Familiennamen des Miterben einsetzen] erhält unter Anrechnung auf seinen Erbteil die Eigentumswohnung ______ [genaue Bezeichnung der Immobilie] und mein Guthaben auf dem Sparbuch ______ bei der ______ [genaue Bezeichnung des Sparbuchs und der Bank].

Der jeweils anzurechnende Wert für die Immobilien ist auf Kosten des Nachlasses durch ein Verkehrswertgutachten des örtlichen Gutachterausschusses zu ermitteln.

Der Restnachlass ist entsprechend den Erbquoten zu gleichen Teilen unter den Miterben aufzuteilen.

Sicherstellung der Erfüllung der Teilungsanordnung

Mit einer Teilungsanordnung können Sie zwar verfügen, dass der Nachlass entsprechend Ihren Anordnungen unter den Erben aufgeteilt wird, Ihre Anordnungen führen aber nicht von selbst zur Aufteilung. Die Erben sind also, wenn sie sich untereinander einig sind, nicht gehindert, eine andere Verteilung vorzunehmen. Wollen Sie das verhindern und sicherstellen, dass Ihre Teilungsanordnung tatsächlich umgesetzt wird, müssen Sie entsprechende testamentarische Vorkehrungen treffen. Dabei haben Sie unter anderem folgende Möglichkeiten:

- → Sie können einen Testamentsvollstrecker einsetzen und diesem die Durchführung der Teilungsanordnung übertragen.
- → Sie können die Einsetzung der Erben im Testament mit der Bedingung verknüpfen, dass diese die Teilungsanordnung einhalten. Verstoßen die Erben gegen diese Bedingung, müssen sie die Erbschaft wieder herausgeben.

BEISPIEL

Formulierungshilfe: Sicherstellung der Erfüllung der Teilungsanordnung

Ich ordne Testamentsvollstreckung an. Der Testamentsvollstrecker hat die Aufgabe, den Nachlass entsprechend meinen Anordnungen zu verteilen. Zum Testamentsvollstrecker bestimme ich ______ [Vor- und Familiennamen des Testamentsvollstreckers einsetzen], ersatzweise ______ [Vor- und Familiennamen des Ersatztestamentsvollstreckers einsetzen].

[Oder]

Soweit ein Erbe gegen meine Teilungsanordnung verstößt, treten an seine Stelle dessen Abkömmlinge.

[Oder]

Soweit ein Erbe gegen meine Teilungsanordnung verstößt, wächst dessen Erbteil den anderen Miterben zu.

Anordnung eines Teilungsverbots für eine Immobilie

Jeder Miterbe ist jederzeit berechtigt, die Auseinandersetzung der Erbengemeinschaft, also die Aufteilung des Nachlasses unter den Miterben nach dem Erbfall, zu verlangen. Wollen Sie als Erblasserin oder Erblasser das verhindern, können Sie die Auseinandersetzung insgesamt oder die Verteilung einzelner Nachlassgegenstände testamentarisch ausschließen.

Ein testamentarisches Teilungsverbot können Sie für den gesamten Nachlass oder nur für bestimmte Nachlassgegenstände (zum Beispiel eine Immobilie) anordnen. Sie können es befristet oder auf Dauer festlegen.

→ **TIPP**

Durch ein testamentarisches Teilungsverbot können Sie sicherstellen, dass das Vermögen oder Teile davon als Einheit erhalten bleiben, was insbesondere für Immobilien sinnvoll sein kann. So können Sie verhindern, dass Vermögenswerte, die besser als Einheit erhalten werden, unnötig aufgeteilt und veräußert werden. Ferner können Sie durch die Regelung, wie und wann die Aufteilung des Nachlasses erfolgen soll, Erbstreitigkeiten vermeiden. Und durch das Verbot, innerhalb eines bestimmten Zeitraums den Nachlass unter den Erben zu verteilen, können Sie erreichen, dass einzelnen Erben Zeit gegeben wird, liquide Mittel für die Auszahlung anderer Miterben zu beschaffen.

Wie bei der Teilungsanordnung gilt auch beim Teilungsverbot, dass Sie dies in Ihrem Testament bestimmen müssen. Es ist nicht erforderlich, dass Sie im Testament außerdem Erbeinsetzungen vornehmen. Teilungsanordnungen können Sie auch anordnen, wenn die gesetzliche Erbfolge gilt.

Teilungsverbot für den gesamten Nachlass

Das Teilungsverbot können Sie auf den gesamten Nachlass beziehen und auf Dauer anordnen. Es wird unwirksam, wenn 30 Jahre verstrichen sind. Sie können jedoch testamentarisch anordnen, dass die Auseinandersetzungsbeschränkung auch nach Ablauf von 30 Jahren bis zum Eintritt eines bestimmten Ereignisses in der Person eines Miterben gilt (zum Beispiel Heirat oder Tod eines Miterben).

Sie können die Teilungsanordnung auch zeitlich befristen. Nach Ablauf der Frist kann ein Miterbe oder eine Miterbin die Auseinandersetzung der Erbengemeinschaft gegen die anderen Miterben geltend machen. Durch die Vorgabe einer Frist für die Geltendmachung des Auseinandersetzungsanspruchs können Sie unter Umständen einer übereilten Auseinandersetzung vorbeugen.

BEISPIEL

Formulierungshilfe: Teilungsverbot für den gesamten Nachlass

Ich schließe die Auseinandersetzung der Erbengemeinschaft hinsichtlich des gesamten Nachlasses aus. Die Auseinandersetzung soll auch nicht im Einvernehmen aller Erben möglich sein.
[Oder]
Ich schließe die Auseinandersetzung unter meinen Erben so lange aus, bis ______ [Vor- und Familiennamen des Miterben einsetzen] das ______ Lebensjahr vollendet hat. Die Auseinandersetzung soll auch nicht einvernehmlich unter den Erben möglich sein.
[Oder]
Ein Erbe kann die Auseinandersetzung des Nachlasses frühestens ______ Jahre nach Eintritt des Erbfalls verlangen.

Teilungsverbot für eine Immobilie

Ein Teilungsverbot können Sie testamentarisch auch nur auf einzelne Nachlassgegenstände beziehen. In diesem Fall kann der übrige Nachlass unter den Erben entsprechend den Erbteilen verteilt werden.

Bei Gegenständen können Sie ein Teilungsverbot insbesondere auf eine Immobilie im Nachlass beschränken und so die Auseinandersetzung über diesen Nachlassgegenstand verhindern.

→ **TIPP**

Ein Teilungsverbot verhindert, dass ein einzelner Miterbe die Auseinandersetzung der Erbengemeinschaft und die Versteigerung einer Immobilie, zum Beispiel im Rahmen einer Teilungsversteigerung, erzwingen kann. Ferner kann es dazu dienen, eine Immobilie innerhalb der Familie zu erhalten.

BEISPIEL

Formulierungshilfe: Teilungsverbot für eine Immobilie

Ich schließe die Auseinandersetzung der Erbengemeinschaft bezüglich des Wohngrundstücks in ______, ______straße, eingetragen im Grundbuch von ______, Band ______, Blatt Nr. ______, Flurstücksnummer ______, aus.

Sicherstellung der Erfüllung des Teilungsverbots für eine Immobilie

Mit einem Teilungsverbot können Sie zwar verbieten, dass Ihre Erben die Auseinandersetzung des Nachlasses vornehmen, sind sie sich allerdings untereinander einig, können sie sich über das Verbot hinwegsetzen. Wollen Sie das verhindern und sicherstellen, dass Ihre Anordnung tatsächlich umgesetzt wird, müssen Sie entsprechende testamentarische Vorkehrungen treffen. Dabei haben Sie insbesondere folgende Möglichkeiten:

- → Sie können einen Testamentsvollstrecker einsetzen und diesen mit der Durchsetzung des Teilungsverbots beauftragen.
- → Sie können die Einsetzung der Erben im Testament mit der Bedingung verknüpfen, dass diese das Teilungsverbot einhalten. Verstoßen die Erben gegen diese Bedingung, müssen sie die Erbschaft wieder herausgeben.

BEISPIEL

Formulierungshilfe: Sicherstellung der Erfüllung des Teilungsverbots für eine Immobilie

Ich schließe die Auseinandersetzung der Erbengemeinschaft bezüglich des Wohngrundstücks in ______, ______straße, eingetragen im Grundbuch von ______, Band ______, Blatt Nr. ______, Flurstücksnummer ______, aus.
Ich ordne deshalb Testamentsvollstreckung an. Zum Testamentsvollstrecker bestimme ich ______ [Vor- und Familiennamen des Testamentsvollstreckers einsetzen], ersatzweise ______ [Vor- und Familiennamen des Ersatztestamentsvollstreckers einsetzen]. Einzige Aufgabe des Testamentsvollstreckers ist es, die Einhaltung dieses Verbots zu überwachen. Die Testamentsvollstreckung endet mit dem Zeitpunkt, in dem den Erben die Auseinandersetzung gestattet ist.
[Oder]
Soweit ein Erbe gegen das Teilungsverbot verstößt, ______ treten an seine Stelle dessen Abkömmlinge.
[Oder]
Soweit ein Erbe gegen das Teilungsverbot verstößt, wächst dessen Erbteil den anderen Miterben zu.

Übertragung einer Immobilie an einen Miterben durch Vorausvermächtnis

Wie auf → Seite 37 dargelegt, haben Sie mittels eines Grundstücksvermächtnisses die Möglichkeit, eine Immobilie gezielt an eine bestimmte Person zu übertragen, ohne dass der oder die Begünstigte Erbe oder Erbin des gesamten Nachlasses wird. Wenn Sie einem Miterben ein Grundstücksvermächtnis zuwenden, liegt ein sogenanntes Vorausvermächtnis vor.

Durch die Zuwendung eines Vorausvermächtnisses können Sie einem Erben außerhalb seines Erbteils und über diesen hinaus einen Vermögensvorteil zuwenden. Sie können so einzelne Miterben gegenüber den anderen Miterben wertmäßig begünstigen. Ist eine Immobilie Gegenstand des Vorausvermächtnisses, erreichen Sie, dass die Immobilie nicht als Teil des Nachlasses der Verwaltung der Erbengemeinschaft unterliegt, sondern dass der begünstigte Miterbe gegenüber der Erbengemeinschaft beanspruchen kann, die Immobilie übereignet zu bekommen.

GUT ZU WISSEN

Vorausvermächtnis oder Teilungsanordnung?

Das Vorausvermächtnis ist insbesondere von der Teilungsanordnung zu unterscheiden. Bei der Teilungsanordnung wird der Nachlassgegenstand, den der Erblasser einem Miterben zugewandt hat, wertmäßig voll auf dessen Erbteil angerechnet. Der Miterbe soll also vermögensmäßig nicht bessergestellt werden als die anderen Miterben. Dagegen will der Erblasser bei einem Vorausvermächtnis den Miterben neben seinem eigentlichen Erbteil einen weiteren Vermögensvorteil zuwenden. Die Teilungsanordnung konkretisiert also nur den Erbteil, während das Vorausvermächtnis von einem Miterben zusätzlich zum Erbteil erworben wird.

Wollen Sie einem Miterben eine Immobilie im Wege eines Vorausvermächtnisses zuwenden, müssen Sie ihm durch eine entsprechende Verfügung die Immobilie vermachen, gleichzeitig aber ausschließen, dass mit der Zuwendung eine Anrechnung auf seinen Erbteil verbunden ist.

BEISPIEL

Ina Maier setzt in ihrem Testament ihre Kinder Michael und Jutta jeweils zur Hälfte als Erben ein. Darüber hinaus bestimmt sie, dass Jutta ohne Anrechnung auf ihren Erbteil die Eigentumswohnung der Erblasserin erhalten soll.

BEISPIEL

Formulierungshilfe: Vorausvermächtnis

Ich, ______ [Vor- und Familiennamen des Erblassers einsetzen], setze ______ und ______ [Vor- und Familiennamen der Miterben einsetzen] zu gleichen Teilen als Erben ein. Für die Teilung des Nachlasses unter den beiden Miterben bestimme ich in Form einer Teilungsanordnung und für den über den jeweiligen Erbteil hinausgehenden Wert als Vorausvermächtnis:

______ [Vor- und Familiennamen des Miterben einsetzen] erhält im Wege der Teilungsanordnung mein Hausgrundstück ______ [genaue Bezeichnung der Immobilie].

______ [Vor- und Familiennamen des Miterben einsetzen] erhält im Wege der Teilungsanordnung meine Eigentumswohnung ______ [genaue Bezeichnung der Immobilie].

Der jeweils anzurechnende Wert für die Immobilien ist auf Kosten des Nachlasses durch ein Verkehrswertgutachten des örtlichen Gutachterausschusses zu ermitteln.

Falls dadurch einer meiner Erben wertmäßig mehr erhält, als es seiner Erbquote entspricht, so wird ihm dieser Überschuss als Vorausvermächtnis zugewandt. Es soll kein Ausgleich unter den Erben stattfinden. Die jeweilige Zuwendung erfolgt also ohne Anrechnung auf den jeweiligen Erbteil des Miterben.

Der Restnachlass ist entsprechend den Erbquoten zu gleichen Teilen unter meinen Erben aufzuteilen.

Anordnung von Auflagen

Neben dem Vermächtnis ist die Auflage im Rahmen Ihrer Nachlassplanung ein flexibles testamentarisches Gestaltungsinstrument, um Ihre Wünsche und Vorstellungen umzusetzen. Sie kommt vor allem als Nebenbestimmung zu einer Erbeinsetzung in Betracht, durch die Sie die erbrechtliche Zuwendung an Bedingungen knüpfen können.

Durch eine Auflage können Sie Ihre Erben zu einer bestimmten Leistung oder zu einem Verhalten verpflichten, ohne dass ein Dritter dadurch – wie beim Vermächtnis – einen Anspruch erwirbt. Wenn also beispielsweise der Erblasser seine Erben in Form einer Auflage zu einer Spende an den Tierschutzverein verpflichtet, erwirbt der Verein selbst keinen Spendenanspruch und kann die Spende nicht einklagen.

→ **TIPP**

Mit einer Auflage können Sie sicherstellen, dass Ihre Erben Ihre Interessen über Ihren Tod hinaus berücksichtigen müssen. Sie können so auf deren Verhalten nach Eintritt des Erbfalls Einfluss nehmen und unter anderem auch die Verwaltung Ihres Vermögens durch die Erben steuern.

Mit einer Auflage können Sie Ihren Erben vor allem Verpflichtungen auferlegen, die nicht Gegenstand eines Vermächtnisses sein können. Sie können Ihre Erben verpflichten, nach dem Eintritt des Erbfalls bestimmte Dinge zu tun oder zu unterlassen. Die testamentarische Auflage ist ein Gestaltungsinstrument, das helfen kann, Streit unter Ihren Erben zu verhindern.

BEISPIEL

Mit einer Auflage können Sie testamentarisch anordnen, dass Ihre Erben eine Immobilie im Nachlass nicht veräußern dürfen, die Immobilie nur für bestimmte Zwecke genutzt werden oder nur an bestimmte Personen (zum Beispiel Ihre Enkelkinder) weitergegeben werden darf.

Die Auflage müssen Sie in Ihrem Testament oder Erbvertrag anordnen. Um zu verhindern, dass Ihre Festlegungen als bloße Wünsche oder Empfehlungen an Ihre Erben ausgelegt werden, sollten Sie klar und eindeutig zum Ausdruck bringen, dass es sich um eine erbrechtliche Auflage und um eine Verpflichtung der Erben handelt. Bloße Wünsche, Ratschläge, Empfehlungen oder Erwartungen bewirken keine rechtlichen Verpflichtungen für den Erben oder die Erbin.

BEISPIEL

Formulierungshilfe: Testament mit Auflage

Ich, ______ [Vor- und Familiennamen des Erblassers einsetzen], setze ______ und ______ [Vor- und Familiennamen der Miterben einsetzen] als Erben ein. Gleichzeitig ordne ich folgende Auflage an:
Das im Nachlass befindliche Anwesen ______ [genaue Bezeichnung des Anwesens] darf nach der Übernahme ______ Jahre lang nicht veräußert werden.

Wenn Sie sicherstellen wollen, dass eine Auflage, die eine andere Person begünstigt, von dem oder der Beschwerten – das ist die Person, an die sich die Auflage richtet – erfüllt wird, sollten Sie einen Testamentsvollstrecker mit der Aufgabe einsetzen, als Vollziehungsberechtigter die Einhaltung der Auflage zu überwachen.

Anordnung der Testamentsvollstreckung

Sie können in Ihrem Testament einen oder mehrere Testamentsvollstrecker ernennen und so über Ihren Tod hinaus Einfluss auf den Nachlass nehmen. Mit der Anordnung der Testamentsvollstreckung können Sie sicherstellen, dass Ihr letzter Wille tatsächlich durchgesetzt wird.

→ TIPP

Es gibt viele gute Gründe, durch Testament einen Testamentsvollstrecker zu ernennen. Falls Sie in einer Erbengemeinschaft Streit unter den Miterben befürchten, kann eine Testamentsvollstreckung zur Entschärfung dieser Konflikte beitragen, wenn Sie dem Testamentsvollstrecker Verfügungs- oder Verwaltungsbefugnisse über den Nachlass einräumen und er seine Befugnisse und Kompetenzen objektiv und neutral ausübt. Haben Sie beispielsweise Vermächtnisse oder Teilungsanordnungen verfügt, können Sie dem Testamentsvollstrecker die Ausführung dieser Bestimmungen als einzige Aufgabe übertragen. Sie können die Testamentsvollstreckung auch auf einen Teil des Nachlasses, insbesondere auf eine Immobilie, beschränken und einem Testamentsvollstrecker die Verwaltung der Immobilie übertragen.

Testamentarische Anordnung der Testamentsvollstreckung

Die Testamentsvollstreckung müssen Sie in Ihrem Testament anordnen. Ernennen Sie eine Person testamentarisch zum Testamentsvollstrecker, liegt darin zugleich die Anordnung der Testamentsvollstreckung.

Im Regelfall werden Sie selbst einen oder mehrere Testamentsvollstrecker bestimmen wollen. Für den Fall, dass der zunächst ernannte Testamentsvollstrecker vor oder nach der Annahme des Amts wegfällt, ist es sinnvoll, einen Ersatztestamentsvollstrecker zu ernennen. Alternativ können Sie in Ihrem Testament auch das Nachlassgericht auffordern, den Testamentsvollstrecker zu bestimmen.

Über den Umfang der Befugnisse des Testamentsvollstreckers entscheiden Sie als Erblasser durch eine entsprechende Verfügung in Ihrem Testament. Sie können Testamentsvollstreckung für den gesamten Nachlass oder für einzelne Nachlassgegenstände (zum Beispiel eine Immobilie) anordnen. Je nach der jeweiligen Aufgabe des Testamentsvollstreckers wird zwischen verschiedenen Arten der Testamentsvollstreckung unterschieden. Sie können durch entsprechende testamentarische Anordnung die Testamentsvollstreckung beschränken oder erweitern.

Erfüllung der testamentarischen Anordnungen

Wurde nur eine „Testamentsvollstreckung" verfügt, handelt es sich um eine sogenannte Abwicklungsvollstreckung. Diese stellt den Regelfall dar. Der Testamentsvollstrecker soll dafür Sorge tragen, dass das Vermögen in geordneter Weise auf den oder die Erben übergeht. Er hat die letztwilligen Verfügungen des Erblassers auszuführen und, wenn mehrere Erben vorhanden sind, unter ihnen den Nachlass zu verteilen.

Die Anordnung der Abwicklungsvollstreckung ist insbesondere dann sinnvoll, wenn im Nachlass eine Immobilie und mehrere Erben vorhanden sind, die unterschiedliche Interessen verfolgen. Und auch wenn Sie Vermächtnisse und/oder Teilungsanordnungen verfügen, können Sie durch eine Abwicklungsvollstreckung sicherstellen, dass diese erfüllt werden.

BEISPIEL

Formulierungshilfe: Abwicklungsvorstreckung

Ich ordne Testamentsvollstreckung an. Zum Testamentsvollstrecker bestimme ich ______ [Vor- und Familiennamen einsetzen], ersatzweise ______ [Vor- und Familiennamen des Ersatztestamentsvollstreckers einsetzen]. Der Testamentsvollstrecker soll die Auseinandersetzung unter den Miterben bewirken und für die Erfüllung der Vermächtnisse und die Vollziehung der Teilungsanordnung sorgen. Mit der Erledigung dieser Aufgaben endet die Testamentsvollstreckung.
Der Testamentsvollstrecker erhält für seine Tätigkeit bis zur Abwicklung des Nachlasses eine Vergütung von ______ Euro.
[Oder]
Der Testamentsvollstrecker erhält für seine Tätigkeit keine Vergütung.

Verwaltung einer Immobilie

Testamentarisch können Sie auch anordnen, dass der Nachlass nach Ihrem Tod noch längere Zeit von einem Testamentsvollstrecker verwaltet wird. Mit einer Verwaltungsvollstreckung können Sie den Nachlass vor unbedachten Verfügungen der Erben schützen, insbesondere wenn diese minderjährig, geschäftlich unerfahren oder untereinander zerstritten sind.

BEISPIEL

Formulierungshilfe: Anordnung der Abwicklungsvorstreckung für Immobilien

Für alle zu meinem Nachlass gehörenden Grundstücke ordne ich Testamentsvollstreckung an. Zum Testamentsvollstrecker bestimme ich ______ [Vor- und Familiennamen des Testamentsvollstreckers einsetzen], ersatzweise ______ [Vor- und Familiennamen des Ersatztestamentsvollstreckers einsetzen].

Der Testamentsvollstrecker hat die Grundstücke für die Dauer von ______ Jahren nach meinem Tod zu verwalten. Die Erträge aus der Verwaltung hat der Testamentsvollstrecker nach Bildung einer Instandhaltungsrücklage in Höhe von ______ Euro entsprechend den Erbteilen an die Erben auszuzahlen.

Der Testamentsvollstrecker erhält für seine Tätigkeit bis zur Abwicklung des Nachlasses eine Vergütung von ______ Euro.

[Oder]

Der Testamentsvollstrecker erhält für seine Tätigkeit keine Vergütung.

BEISPIEL

Dem Testamentsvollstrecker wurde die Verwaltung eines Mehrfamilienhauses im Nachlass übertragen. In diesem Fall hat er unter anderem folgende Aufgaben: Abschluss von Mietverträgen, Durchführung von Instandhaltungs- und Modernisierungsmaßnahmen, Buchhaltung, Erstellung von Nebenkostenabrechnungen und Abschluss notwendiger Versicherungen.

Vergütung des Testamentsvollstreckers

Der Testamentsvollstrecker oder die Testamentsvollstreckerin kann eine angemessene Vergütung verlangen, sofern Sie testamentarisch nichts anderes bestimmt haben. Der Vergütungsanspruch des Testamentsvollstreckers richtet sich vorrangig nach dem Willen des Erblassers.

In erster Linie bestimmen Sie als Erblasser oder Erblasserin die Vergütung des Testamentsvollstreckers. Sie können auch bestimmen, dass keine Vergütung zu zahlen ist; in diesem Fall bleibt dem benannten Testamentsvollstrecker dann nur die Möglichkeit, das Amt abzulehnen.

Eine gesetzliche Vergütungsordnung für Testamentsvollstrecker gibt es nicht. In der Praxis wird die Vergütung des Testamentsvollstreckers mithilfe verschiedener Tabellen ermittelt und ein Grundvergütungsbetrag berechnet. Für eine „normale“ Abwicklung des Nachlasses kann auf die Empfehlungen des deutschen Notarvereins für die Vergütung des Testamentsvollstreckers zurückgegriffen werden. Danach richtet sich die Vergütung nach einem bestimmten Prozent aus dem Nachlassbruttowert, also der Summe der Aktiva ohne Schuldenabzug.

NACHLASSBRUTTOWERT AM TODESTAG	HÖHE DES VERGÜTUNGSBETRAGS
... bis zu 250.000 Euro	4,0 Prozent des Nachlassbruttowerts
... bis zu 500.000 Euro	3,0 Prozent des Nachlassbruttowerts
... bis zu 2.500.000 Euro	2,5 Prozent des Nachlassbruttowerts
... bis zu 5.000.000 Euro	2,0 Prozent des Nachlassbruttowerts
... über 5.000.000 Euro	1,5 Prozent des Nachlassbruttowerts

Empfehlungen des deutschen Notarvereins für die Vergütung eines Testamentsvollstreckers oder einer Testamentsvollstreckerin

Die Immobilie bei Eintritt des Erbfalls

Der Tod eines Menschen hat zur Folge, dass seine Erben rechtlich in seine Fußstapfen treten. Man spricht von der sogenannten Gesamtrechtsnachfolge. Mit der Annahme der Erbschaft werden die Erben endgültige Rechts- und Vermögensnachfolger des Erblassers oder der Erblasserin. Auch das Eigentum an einer Immobilie geht im Wege der Gesamtrechtsnachfolge automatisch auf die Erben über, allerdings sind dabei einige Besonderheiten zu beachten.

Im Folgenden geht es um erbrechtliche Fragen nach Eintritt des Erbfalls, also nach dem Tod des Erblassers oder der Erblasserin. In diesem Zusammenhang werden Sie häufig mit den nachfolgenden Begriffen konfrontiert, die vorab zusammenhängend erläutert werden.

Kleines Lexikon der Erbfolge

Die **Annahme der Erbschaft** ist die ausdrückliche oder stillschweigende Erklärung, Erbe oder Erbin sein zu wollen. Wer die Erbschaft annimmt, wird endgültiger Erbe oder endgültige Erbin.

Mit **Auseinandersetzung** ist die Abwicklung des Nachlasses bei einer Erbengemeinschaft gemeint. Sie umfasst insbesondere die Befriedigung der Nachlassgläubiger und die Verteilung der Nachlassgegenstände unter den Miterben. Jeder Miterbe und jede Miterbin kann jederzeit die Auseinandersetzung verlangen.

Die **Ausschlagung der Erbschaft** ist die Erklärung des vorläufigen Erben oder der vorläufigen Erbin gegenüber dem Nachlassgericht, die Erbschaft nicht anzunehmen. Demgegenüber gilt die Erbschaft als angenommen, auch wenn der Erbe oder die Erbin nicht ausdrücklich erklärt, das Erbe anzunehmen.

Eine **Erbengemeinschaft** ist die bei mehreren Erben kraft Gesetzes bestehende Gemeinschaft, die den Nachlass gemeinschaftlich verwaltet und nach Begleichung aller Nachlassverbindlichkeiten unter den Miterben aufteilt. Die Erbengemeinschaft entsteht kraft Gesetzes, wenn die Erbschaft an mehrere Erben fällt.

Ein **Erbfall** ist der Tod des Erblassers oder der Erblasserin.

Die **Erbquote** bezeichnet den Anteil an einer Erbschaft bei mehreren Miterben. Wer einen Anteil an einer Erbschaft hat, ist Miterbe oder Miterbin und Mitglied der Erbengemeinschaft.

Die **Erbschaft- und Schenkungsteuer** ist die Steuer, die fällig wird, wenn Vermögen durch Tod oder Schenkung übertragen wird.

Ein **Erbschein** ist das vom Nachlassgericht ausgestellte amtliche Zeugnis über das Erbrecht des Erben oder der Erbin, und, wenn er oder sie nur zu einem Teil der Erbschaft berufen ist, über die Größe des Erbteils.

Der **Freibetrag** ist der Wert, für den keine Erbschaft- und Schenkungsteuer gezahlt werden muss.

Gesamtrechtsnachfolge bedeutet, dass der Erbe oder die Erbin unmittelbar kraft Gesetzes in die Rechtsstellung des Erblassers oder der Erblasserin eintritt und damit alle Rechte und Pflichten von ihm oder ihr übernimmt.

Gesetzliche Erben sind die unmittelbar vom Gesetz bestimmten Erben. Die gesetzliche Erbfolge kann aus mehreren Gründen eintreten. Sie gilt insbesondere, wenn der Erblasser oder die Erblasserin keine Verfügung von Todes wegen (Testament oder Erbvertrag) errichtet hat, eine erfolgte Erbeinsetzung unwirksam ist (zum Beispiel, weil ein Testament wegen Formmangels nichtig ist), die vom Erblasser errichtete Verfügung von Todes wegen nur einen Teil seines Nachlasses erfasst, der durch Verfügung von Todes wegen eingesetzte Erbe die Erbschaft ausschlägt oder die Erbeinsetzung erfolgreich angefochten wurde.

Gütertrennung ist ein ehelicher Güterstand, den Eheleute üblicherweise in einem Ehevertrag vereinbaren. Sie schließen damit den vom Gesetz in der Ehe vorgesehenen Güterstand der Zugewinngemeinschaft oder den Zugewinnausgleich aus. Bei der Gütertrennung gibt es kein gemeinschaftliches Vermögen der Eheleute. Im Unterschied zur Zugewinngemeinschaft muss bei Beendigung der Ehe kein Zugewinnausgleich durchgeführt werden.

Miterbe ist der Erbe, der zusammen mit anderen Erben Erbe geworden ist und mit diesen eine Erbengemeinschaft bildet.

Nachlassgericht ist das Amtsgericht. Es ist insbesondere zuständig für alle Nachlasssachen. Zuständig ist dort grundsätzlich der Rechtspfleger oder die Rechtspflegerin.

Ein **Pflichtteil** ist der Mindestanteil eines Ehepartners oder eines oder einer nahen Verwandten am Nachlass des Erblassers oder der Erblasserin, der ihm oder ihr grundsätzlich nicht entzogen werden kann. Voraussetzung für den Pflichtteilsanspruch ist immer, dass der oder die Pflichtteilsberechtigte von der gesetzlichen Erbfolge ausgeschlossen worden ist.

Die **Steuerklasse** bestimmt die Höhe der Schenkung- und Erbschaftsteuer. Die Steuerklassen haben Bedeutung für die Freibeträge und den individuellen Steuersatz. Je niedriger die Steuerklasse, desto niedriger ist der Steuersatz und desto höher ist der persönliche Steuerfreibetrag, also der Wert der Erbschaft oder Schenkung, der nicht besteuert wird.

Der **Steuersatz** bezeichnet den Prozentsatz, nach dem Erbschaft- und Schenkungsteuer zu entrichten ist. Nach der Ermittlung des steuerrechtlich anzusetzenden Werts des Nachlasses und dem Abzug der Nachlassverbindlichkeiten kann man aus dem sich daraus ergebenden Betrag den Steuersatz für die Erbschaft- und Schenkungsteuer errechnen.

Zugewinngemeinschaft bezeichnet den gesetzlichen Güterstand, in dem Eheleute im Regelfall zusammenleben. Die Besonderheit der Zugewinngemeinschaft besteht darin, dass zwar zunächst das Vermögen der Ehepartner rechtlich getrennt behandelt wird, der während der Ehe von den beiden Eheleuten jeweils erzielte Vermögenszuwachs aber nach Beendigung des Güterstands durch den Zugewinnausgleich wieder ausgeglichen wird.

Ein **Zugewinnausgleich** ist beim gesetzlichen Güterstand der Zugewinngemeinschaft der Ausgleich des in der Ehe durch die Ehepartner erzielten Zugewinns, also des Geldbetrags, um den das Vermögen eines Ehepartners bei Beendigung der Ehe sein Vermögen am Anfang der Ehe übersteigt. Endet die Ehe durch Tod eines Ehepartners, erfolgt der Zugewinnausgleich in der Form, dass sich der Erbteil des länger lebenden Ehepartners pauschal um ein Viertel erhöht. Dabei spielt es keine Rolle, ob und von wem in der Ehe ein Zugewinn erzielt wurde.

Annahme der Erbschaft

Die Annahme der Erbschaft besagt, dass der vorläufige Erbe oder die vorläufige Erbin die Erbschaft behalten will. Mit der Annahme erwirbt er oder sie die Erbschaft also endgültig. Damit verliert er oder sie das Recht, die Erbschaft auszuschlagen. Die Annahme ist nicht an eine bestimmte Form gebunden.

Die Annahme der Erbschaft kann auf drei verschiedenen Wegen erfolgen:

→ **Ausdrückliche Erklärung der Annahme:** Sie können als Erbe oder Erbin ausdrücklich mündlich oder schriftlich äußern, dass Sie den Nachlass behalten wollen. Dafür schreibt das Gesetz keine bestimmte Form vor. Im Regelfall erfolgt die Annahmeerklärung gegenüber einem Nachlassbeteiligten (zum Beispiel gegenüber einem Nachlassgläubiger, einem Miterben oder einem Vermächtnisnehmer) oder gegenüber dem Nachlassgericht.

→ **Annahme durch schlüssiges Handeln:** Dies trifft zu, wenn Ihre Äußerungen oder Handlungen als Erbe oder Erbin die Schlussfolgerung zulassen, dass Sie die Erbschaft endgültig behalten wollen. Von der schlüssigen Annahme der Erbschaft ist insbesondere auszugehen, wenn Sie einen Erbschein oder die Grundbuchberichtigung beantragen, wenn sich eine Immobilie im Nachlass befindet.

→ **Annahme durch Verstreichenlassen der Ausschlagungsfrist:** Als Annahme der Erbschaft gilt auch, wenn Sie als Erbe oder Erbin die Frist, die für die Ausschlagung der Erbschaft vorgeschrieben ist, haben verstreichen lassen.

Ausschlagung der Erbschaft

Wer nicht Erbe oder Erbin sein will, muss die angefallene Erbschaft form- und fristgerecht ausschlagen. In diesem Fall erhält der Erbe oder die Erbin zwar nicht die Vermögenswerte des Nachlasses, er oder sie wird aber auch nicht mit den Nachlassverbindlichkeiten belastet.

Motive für die Ausschlagung der Erbschaft

Neben persönlichen Motiven (zum Beispiel, dass sich der Erbe mit dem Erblasser überworfen hat) können insbesondere finanzielle Gründe dafür ausschlaggebend sein, die angefallene Erbschaft auszuschlagen.

Der in der Praxis wichtigste Grund, ein Erbe auszuschlagen, ist die Überschuldung des Nachlasses. Sie können so vermeiden, dass Sie als Erbe oder Erbin mit Ihrem eigenen Vermögen für die Nachlassverbindlichkeiten haften.

→ TIPP

Wenn der Nachlass unübersichtlich ist und keine gesicherte Aussage getroffen werden kann, ob eine Überschuldung vorliegt, sollten Sie dennoch nicht vorschnell und leichtfertig die Erbschaft ausschlagen. Den Interessen des Erben, seine Haftung für Nachlassverbindlichkeiten auf den Nachlass zu beschränken, kann in diesem Fall auch die Nachlassverwaltung gerecht werden. Dazu wird auf Antrag des Erben vom Nachlassgericht ein Nachlassverwalter bestellt. Er kann über Nachlassgegenstände verfügen und ist insbesondere für die Begleichung der Schulden zuständig. Mit der Anordnung der Nachlassverwaltung wird das Nachlassvermögen vom eigenen Vermögen des Erben getrennt mit der Folge, dass der Erbe nicht mehr mit seinem privaten Vermögen für Nachlassverbindlichkeiten einstehen muss.

Für die Ausschlagung können auch steuerliche Gründe maßgebend sein. So kann der durch die Ausschlagung Nächstberufene einer günstigeren Besteuerung unterliegen als der Ausschlagende. Das kommt beispielsweise bei einem älteren Erben in Betracht, wenn dieser eine erneute Besteuerung zusammen mit seinem eigenen Vermögen vermeiden will.

Form der Ausschlagung

Die Ausschlagung der Erbschaft kann in zwei Formen erfolgen: Der Erbe oder die Erbin kann die Ausschlagung zur Niederschrift gegenüber dem Nachlassgericht oder in öffentlich beglaubigter Form vor einem Notar erklären. Die Erklärung wird erst mit ihrem Zugang beim Gericht wirksam.

! ACHTUNG

Sie können eine Erbschaft nicht durch einen Brief oder ein Fax an das Nachlassgericht ausschlagen, sondern Sie müssen persönlich bei einem Notar oder beim Nachlassgericht erscheinen.

Die Ausschlagungserklärung kann gegenüber dem Nachlassgericht erfolgen. Die ausschlagende Person muss unbeschränkt geschäftsfähig sein. Zuständig für die Entgegennahme der Ausschlagungserklärung ist das Nachlassgericht, in dessen Bezirk der Erblasser zum Zeitpunkt seines Todes seinen gewöhnlichen Aufenthalt hatte.

BEISPIEL

Formulierungshilfe: Ausschlagung der Erbschaft

Am ______ [Todestag einsetzen] ist in ______ [Ort einsetzen] mein Vater ______ [Vor- und Familienname des Vaters einsetzen] verstorben. Aufgrund des Testaments vom ______ [Datum der Testamentserrichtung], welches vom Nachlassgericht ______ eröffnet wurde, bin ich sein Alleinerbe.
Der Nachlass ist überschuldet. Hiermit schlage ich die Erbschaft von meinem Vater aus allen möglichen Berufungsgründen und ohne jede Bedingung aus.

Wer die Erbschaft nicht vor einem Nachlassgericht ausschlagen will, kann einen Notar aufsuchen und dort seine Erklärung in öffentlich beglaubigter Form abgeben. Nicht ausreichend ist die amtliche Beglaubigung durch eine Verwaltungsbehörde.

ACHTUNG

Die öffentlich beglaubigte Ausschlagungserklärung muss dem Nachlassgericht innerhalb der Ausschlagungsfrist zugehen. Andernfalls ist die Ausschlagung zwar form-, aber nicht fristgerecht erfolgt.

Ausschlagungsfrist

Für die Ausschlagung der Erbschaft räumt das Gesetz dem Erben oder der Erbin eine Frist ein. Innerhalb der gesetzlichen Frist hat er oder sie die Möglichkeit, den Bestand des Nachlasses zu überprüfen und zu entscheiden, ob er oder sie die Erbschaft annehmen oder ausschlagen will.

Die Ausschlagungsfrist beträgt sechs Wochen. Die Frist beginnt erst mit dem Zeitpunkt, in dem der Erbe oder die Erbin von dem Anfall und dem Grund der Berufung Kenntnis erlangt hat. Kenntnis des Anfalls der Erbschaft setzt voraus, dass der Erbe oder die Erbin vom Erbfall, also vom Tod des Erblassers oder der Erblasserin, erfahren hat. Der Berufungsgrund ist dem Erben bekannt, wenn er weiß, ob er im Wege der gesetzlichen Erbfolge oder durch Verfügung von Todes wegen (Testament oder Erbvertrag) zur Erbschaft berufen ist.

GUT ZU WISSEN

Vertiefende Informationen rund um die Themen Erbvertrag, Testament und Schenkung bietet der Ratgeber „Richtig vererben und verschenken“, der hier erhältlich ist:
shop.verbraucherzentrale.de

ACHTUNG

Wenn der Erbe oder die Erbin nicht innerhalb der Ausschlagungsfrist die Erbschaft ausschlägt, gilt die Erbschaft als angenommen. Eine Verlängerung der Frist ist weder durch das Nachlassgericht noch durch den Erblasser in seiner testamentarischen Verfügung möglich.

Kosten der Ausschlagung

Wird die Ausschlagung der Erbschaft gegenüber dem Nachlassgericht erklärt, so fällt für diese Erklärung eine Gebühr in Höhe der Hälfte der vollen Gebühr nach dem Gerichts- und Notarkostengesetz an, mindestens jedoch 30 Euro. Maßgebend für die Höhe der Gebühr ist der Wert des Nachlasses.

BEISPIEL

Bei einem Nachlasswert von 25.000 Euro beträgt die Gebühr 57,50 Euro, bei einem Nachlasswert von 50.000 Euro 82,50 Euro, bei einem Nachlasswert von 110.000 Euro 136,50 Euro und bei einem Nachlasswert von 200.000 Euro 217,50 Euro, jeweils zuzüglich Mehrwertsteuer.

Folgen der Ausschlagung

Wenn Sie eine Erbschaft form- und fristgerecht ausgeschlagen haben, gilt Folgendes:

- → Sie müssen alles, was Sie aus dem Nachlass erlangt haben, an den endgültigen Erben oder die endgültige Erbin herausgeben.
- → Sie sind nicht Gesamtrechtsnachfolger oder -nachfolgerin des Erblassers oder der Erblasserin geworden.
- → Sie haften nicht für die Nachlassverbindlichkeiten; im Gegenzug steht Ihnen aber auch nicht das Aktivvermögen des Erblassers oder der Erblasserin zu.
- → Sie erwerben grundsätzlich keinen Pflichtteilsanspruch. Eine Ausnahme gilt, wenn der Ehepartner die Erbschaft ausschlägt.

→ Die Erbschaftsteuerpflicht entfällt für Sie.

Vor- und Nachteile der Ausschlagung

Besteht die Befürchtung, dass der Nachlass überschuldet oder zumindest wertlos ist und ist die Ausschlagungsfrist noch nicht abgelaufen, wird dem Erben oder der Erbin häufig geraten, die Erbschaft auszuschlagen. Damit ist er oder sie auf der sicheren Seite: Er oder sie hat mit der Abwicklung des Nachlasses nichts mehr zu tun und haftet nicht für Nachlassverbindlichkeiten. Der Nachteil der Ausschlagung besteht darin, dass der Erbe oder die Erbin aus dem Nachlass nichts erhält, auch keine persönlichen Gegenstände des Erblassers oder der Erblasserin. Die Ausschlagung kann nämlich niemals nur auf einen Teil des Nachlasses (zum Beispiel auf eine überschuldete Immobilie) bezogen werden. Grundsätzlich entfällt mit der Ausschlagung auch der Pflichtteil. Und mit der Ausschlagung der Erbschaft hat die ausschlagende Person auch keinen Anspruch mehr darauf, Informationen darüber zu erhalten, was mit dem Nachlass des oder der verstorbenen Angehörigen geschieht.

Häufig ist es mit der Ausschlagung der Erbschaft nicht getan, weil diese dann auf den nächsten Erbschaftsanwärter oder die nächste Erbschaftsanwärterin übergeht. Indem Sie ein Erbe ausschlagen, ist also innerhalb Ihrer Familie das Problem der Haftung für Nachlassverbindlichkeiten nicht gelöst. Vielmehr müssen auch andere Familienmitglieder, an die der Nachlass fällt, die Erbschaft ausschlagen.

→ TIPP

Prüfen Sie sorgfältig, ob die Ausschlagung der Erbschaft wirklich Ihren Zielen in vollem Umfang entspricht. Ist die Erbschaft einmal ausgeschlagen, wird es schwierig, dies durch eine Anfechtung wieder rückgängig zu machen, wenn die Ausschlagung auf einer vagen Vermutung oder Angst, der Nachlass sei überschuldet, beruht. Bei einem unübersichtlichen Nachlass oder bei einer möglichen Überschuldung ist es sinnvoll, fachkundigen Rat einzuholen, bevor Sie die Erbschaft ausschlagen.

Erbschein als Nachweis des Erbrechts

Mit dem Tod des Erblassers oder der Erblasserin geht dessen oder deren Vermögen als Ganzes auf eine oder mehrere Erben über. Sie als Erbe oder Erbin müssen diesen Umstand, dass Sie kraft Gesetzes als Gesamtrechtsnachfolger oder -nachfolgerin in die Rechte und Pflichten des Erblassers oder der Erblasserin eintreten, im Rechtsverkehr gegenüber Behörden, Ämtern, Banken etc. nachweisen. Für diesen Nachweis benötigen Sie einen Erbschein. Das ist eine Urkunde des Nachlassgerichts, in der folgende Details angegeben werden:

- → die Person des Erblassers oder der Erblasserin,
- → die Person des Erben oder der Erbin,
- → die Größe des Erbteils sowie
- → gegebenenfalls Beschränkungen des Erbrechts (zum Beispiel durch die Einsetzung eines Testamentsvollstreckers).

GUT ZU WISSEN

Alternative zum Erbschein

Ein Erbe oder Miterbe hat auch die Möglichkeit, den Nachweis seines Erbrechts in anderer Form als durch einen Erbschein zu erbringen. Grundsätzlich wird auch ein eröffnetes Testament samt Eröffnungsprotokoll zur Legitimation der Erbenstellung als ausreichend angesehen. Befindet sich im Nachlass eine Immobilie, kann der Nachweis der Erbfolge gegenüber dem Grundbuchamt durch einen Erbschein geführt werden. Die Grundbuchordnung verweist allerdings ausdrücklich auch auf die Möglichkeit, die Erbfolge mit einer öffentlichen Urkunde (dem notariellen Testament) nachzuweisen.

Antrag

Der Erbschein wird vom Nachlassgericht nur auf Antrag erteilt. Der Antrag kann insbesondere vom Erben (Alleinerbe, Miterbe, Vorerbe, Nacherbe nach Eintritt des Nacherbfalls) und vom Testamentsvollstrecker gestellt werden.

Wenn Sie einen Erbschein beantragen, müssen Sie Ihr Erbrecht beweisen. Sie müssen gegenüber dem Nachlassgericht die für die Entstehung des Erbrechts relevanten Angaben machen und durch Urkunden belegen. Dafür werden unterschiedliche Unterlagen benötigt, je nachdem, ob der Erbschein auf das gesetzliche Erbrecht oder auf ein Testament oder einen Erbvertrag gestützt wird.

Wer die Erteilung des Erbscheins als gesetzlicher Erbe oder gesetzliche Erbin beantragt, muss angeben:
- → den Zeitpunkt des Todes des Erblassers oder der Erblasserin,
- → den letzten gewöhnlichen Aufenthalt und die Staatsangehörigkeit des Erblassers oder der Erblasserin,
- → das Verhältnis, auf dem sein oder ihr Erbrecht beruht, zum Beispiel als Verwandte oder Ehepartner,
- → ob und welche Personen vorhanden sind oder vorhanden waren, durch die er oder sie von der Erbfolge ausgeschlossen oder sein oder ihr Erbteil gemindert werden würde,
- → ob und welche Verfügungen des Erblassers oder der Erblasserin von Todes wegen vorhanden sind,
- → ob ein Rechtsstreit über sein oder ihr Erbrecht anhängig ist,
- → dass er oder sie die Erbschaft angenommen hat,
- → die Größe seines oder ihres Erbteils.

Wer den Erbschein auf der Grundlage eines Testaments oder Erbvertrags beantragt, muss angeben:
- → den Zeitpunkt des Todes des Erblassers oder der Erblasserin,
- → den letzten gewöhnlichen Aufenthalt und die Staatsangehörigkeit des Erblassers oder der Erblasserin,
- → ob ein Rechtsstreit über sein oder ihr Erbrecht anhängig ist,
- → dass er oder sie die Erbschaft angenommen hat,
- → die Größe seines oder ihres Erbteils,
- → die Verfügung, auf der sein oder ihr Erbrecht beruht,
- → ob und welche sonstigen Verfügungen des Erblassers oder der Erblasserin von Todes wegen vorhanden sind.

Der Antrag auf Erteilung eines Erbscheins ist an keine Form gebunden. Er kann also auch formlos gestellt werden. Allerdings sollten Sie darauf achten, dass er auf einen Erbschein mit bestimmtem Inhalt gerichtet ist (zum Beispiel Alleinerbschein oder gemeinschaftlicher Erbschein).

BEISPIEL

Formulierungshilfe: Antrag auf Erteilung eines Erbscheins

Mein Ehegatte ______ [Vor- und Familiennamen des Erblassers einsetzen] ist ausweislich der beiliegenden Sterbeurkunde am ______ in ______ verstorben. Wir lebten im gesetzlichen Güterstand der Zugewinngemeinschaft. Wir haben zwei Kinder, ______ und ______ [Vor- und Familiennamen der Kinder einsetzen]. Es ist mir nicht bekannt, dass mein Mann ein Testament errichtet oder einen Erbvertrag abgeschlossen hat. Deshalb tritt gesetzliche Erbfolge ein. Als Ehefrau des Verstorbenen erbe ich die Hälfte, unsere Kinder ______ und ______ erben zu je einem Viertel.
Ich beantrage die Erteilung eines gemeinschaftlichen Erbscheins. Der Nachlasswert beträgt ______ Euro.
Ein Rechtsstreit über die Erbrechte ist nicht anhängig.
In Kenntnis der Bedeutung einer eidesstattlichen Versicherung, insbesondere darüber, dass ich mich bei der Abgabe einer falschen Versicherung strafbar mache, versichere ich zur Vorlage beim Nachlassgericht ______ [Ort des Nachlassgerichts einsetzen] an Eides Statt, dass mir nichts bekannt ist, was der Richtigkeit der vorbezeichneten Angelegenheit entgegensteht.

Kosten

Der Antragsteller oder die Antragstellerin trägt die Kosten des Erbscheins. Für die Erteilung des Erbscheins fällt eine volle Gebühr auf der Grundlage des Gerichts- und Notarkostengesetzes an. Maßgebend für die Höhe der Gebühr ist der Wert des Nachlasses.

BEISPIEL

Bei einem Nachlasswert von 25.000 Euro beträgt die Gebühr 115 Euro, bei einem Nachlasswert von 50.000 Euro 165 Euro, bei einem Nachlasswert von 110.000 Euro 273 Euro und bei einem Nachlasswert von 200.000 Euro 435 Euro, jeweils zuzüglich Mehrwertsteuer.

Zusätzlich entstehen Kosten für die eidesstattliche Versicherung beim Nachlassgericht. Diese belaufen sich noch einmal auf eine einfache Gebühr. Bei einem Nachlasswert von beispielsweise 50.000 Euro belaufen sich also die Kosten für den Erbschein auf insgesamt 330 Euro.

Grundbuchberichtigung bei einer Immobilie im Nachlass

Zwar tritt der Erbe oder die Erbin kraft Gesetzes die Rechtsnachfolge des Erblassers oder der Erblasserin an, befindet sich im Nachlass allerdings eine Immobilie, muss der Eigentumsübergang zusätzlich im Grundbuch eingetragen werden. Die gesetzliche Vermögensnachfolge führt in diesem Fall nämlich zur Unrichtigkeit des Grundbuchs mit der Folge, dass eine Grundbuchberichtigung vorzunehmen ist.

Die Berichtigung des Grundbuchs erfolgt auf Antrag des Erben oder eines Miterben. Die Unrichtigkeit des Grundbuchs muss vom Antragsteller entweder durch Vorlage eines Erbscheins oder eines notariellen Testaments, das die Niederschrift über die Eröffnung des Testaments enthält, bewiesen werden.

BEISPIEL

Formulierungshilfe: Antrag auf Berichtigung des Grundbuchs

Im Grundbuch von ______, Blatt ______, Flurstück Nr. ______, ist mein am ______ verstorbener Vater als Alleineigentümer eingetragen. Er ist am ______ verstorben. Ich bin alleiniger Erbe meines Vaters. Zum Nachweis meines Erbrechts füge ich ______ [konkreter Nachweis der Erbfolge: Erbschein als Original oder beglaubigte Abschrift oder beglaubigte Abschrift des notariellen Testaments oder Erbvertrags mit beglaubigter Abschrift des Eröffnungsprotokolls] bei.
Hiermit beantrage ich die Berichtigung des Grundbuchs in Abteilung I aufgrund der Erbfolge.
Der Wert des Grundstücks beträgt ______ Euro.

Besonderheiten bei Immobilien bei Vor- und Nacherbfolge

Wie bereits beschrieben, kann der Erblasser mit der Anordnung der Vor- und Nacherbfolge nach Eintritt des Erbfalls den Nachlass in der zeitlichen Nutzung aufteilen, indem er einen Vorerben einsetzt, der die Erbschaft für eine bestimmte Zeit nutzen darf, und einen Nacherben bestimmt, dem letztlich die Substanz des Nachlasses zufällt. Mit dem Eintritt des Nacherbfalls tritt dann an die Stelle des Vorerben der Nacherbe als Inhaber des Nachlasses. Der Vorerbe hat dann den Nachlass an den Nacherben herauszugeben. Der von den gesetzlichen Beschränkungen nicht befreite Nacherbe kann zudem vom Vorerben verlangen, über die Verwaltung des Nachlasses Rechenschaft abzulegen. Die Rechenschaftslegung erfordert eine detaillierte, übersichtliche und in sich verständliche Zusammenstellung der Einnahmen und Ausgaben.

Bei der Frage, ob der Vorerbe für die Zeit der Vorerbschaft vom Nacherben Ersatz seiner Aufwendungen verlangen kann, ist zwischen gewöhnlichen und außergewöhnlichen Erhaltungskosten zu unterscheiden.

→ Die gewöhnlichen Unterhaltungskosten muss der Vorerbe selbst tragen. Darunter fallen insbesondere regelmäßig wiederkehrende Aufwendungen zur Erhaltung des Nachlasses. Gewöhnliche Erhaltungskosten bei einer Immobilie sind beispielsweise die normalen Instandsetzungsarbeiten am Haus und Verschleißreparaturen.

→ Außergewöhnliche Unterhaltungskosten sind vor allem Aufwendungen mit langfristig wertsteigender Wirkung. Sie fallen üblicherweise nur einmalig an. Bei einer Immobilie gehören zum Beispiel die Modernisierung der Heizungsanlage, der Einbau von Isolierglasfenstern oder die Beseitigung von Zerstörungen zu den außergewöhnlichen Unterhaltungskosten. Diese Aufwendungen können vom Vorerben aus Mitteln des Nachlasses bestritten und während der Dauer der Vorerbschaft aus dem Nachlass entnommen werden. Hat der Vorerbe die Aufwendungen aus seinem eigenen Vermögen bestritten, kann er diese nach Eintritt des Nacherbfalls gegenüber dem Nacherben geltend machen.

Übertragung der Immobilie durch gesetzliche Erbfolge

Grundsätzlich dürfen Sie als Erblasser oder Erblasserin frei über Ihr Vermögen nach Ihrem Tod verfügen. In diesem Fall müssen Sie allerdings ein Testament errichten oder einen Erbvertrag abschließen und darin Ihre Erben bestimmen. Nur für den Fall, dass Sie keine solche Verfügung von Todes wegen treffen, bestimmt das Gesetz die Erbfolge. Und in diesem Fall gehen eine Immobilie und andere Gegenstände des Nachlasses an Ihre nächsten Verwandten und gegebenenfalls Ihren Ehepartner oder Ihre Ehepartnerin über.

Sind Sie mit der vom Gesetz vorgesehenen Erbfolge einverstanden, brauchen Sie kein Testament zu errichten. Beachten Sie allerdings, dass bei gesetzlicher Erbfolge häufig eine Erbengemeinschaft entsteht und bei schwierigen Familienverhältnissen Konflikte unter den Miterben vorprogrammiert sind. Besonders problematisch wird es, wenn Sie unteilbare Nachlassgegenstände wie eine Immobilie an mehrere Erben vererben. Alle haben dann das gleiche Recht auf die ganze Immobilie. Kein Miterbe darf in einem solchen Fall ohne Zustimmung aller Miterben in der Immobilie wohnen oder diese veräußern. Bis es zu einer Teilung des Nachlasses kommt, müssen außerdem alle den Nachlass gemeinschaftlich verwalten. Und hier beginnen bereits die ersten Probleme. In vielen Fällen bleibt den Beteiligten nur der Gang vor die Gerichte, der viel Geld und noch mehr Nerven kostet.

Grundsätze des gesetzlichen Erbrechts

Gesetzliche Erbfolge bedeutet, dass beim Tod einer Person unmittelbar das Gesetz deren Erben bestimmt. Sie kann aus mehreren Gründen eintreten, so insbesondere wenn

- der Erblasser oder die Erblasserin keine Verfügung von Todes wegen, das heißt kein Testament oder keinen Erbvertrag, errichtet hat,
- eine erfolgte Erbeinsetzung unwirksam ist, zum Beispiel, weil das errichtete Testament wegen Formmangels nichtig ist,
- die vom Erblasser oder von der Erblasserin errichtete Verfügung von Todes wegen nur einen Teil seines oder ihres Nachlasses erfasst oder
- der durch Verfügung von Todes wegen eingesetzte Erbe die Erbschaft ausschlägt.

Wenn der Erblasser kein Testament errichtet oder keinen Erbvertrag abgeschlossen hat, geht das Gesetz davon aus, dass er sein Vermögen an seine nächsten Verwandten und gegebenenfalls an seinen Ehepartner übertragen will. Zur Bestimmung der Reihenfolge, in der sie zum Zug kommen, werden deshalb die Verwandten des Erblassers in fünf Ordnungen eingeteilt. Für die Frage, zu welcher Ordnung der oder die jeweilige Verwandte gehört, ist der Verwandtschaftsgrad maßgebend.

- Erben der ersten Ordnung sind die Abkömmlinge, also die Nachkommen des Erblassers.
- Erben der zweiten Ordnung sind die Eltern des Erblassers und deren Abkömmlinge.
- Erben der dritten Ordnung sind die Großeltern des Erblassers und deren Abkömmlinge.
- Erben der vierten Ordnung sind die Urgroßeltern des Erblassers und deren Abkömmlinge.
- Erben der fünften Ordnung sind die Ururgroßeltern des Erblassers und deren Abkömmlinge.

Jeder Angehörige einer vorhergehenden Ordnung schließt alle Verwandten der späteren Ordnungen aus; ein Verwandter erbt also im Wege der gesetzlichen Erbfolge nicht, solange ein Verwandter einer vorhergehenden Ordnung vorhanden ist.

> **BEISPIEL**
>
> Kinder des Erblassers gehören zu den Verwandten der ersten Ordnung, die Eltern des Erblassers zu den Verwandten der zweiten Ordnung. Leben zum Zeitpunkt des Erbfalls Kinder des Erblassers, sind dessen Eltern von der gesetzlichen Erbfolge ausgeschlossen.

Existiert kein Verwandter der ersten Ordnung, so erben die Verwandten der zweiten Ordnung. Verwandte der dritten Ordnung sind erst dann zu gesetzlichen Erben berufen, wenn kein Verwandter der zweiten Ordnung vorhanden ist usw.

In den ersten drei Ordnungen tritt Erbfolge nach Stämmen ein, das heißt, an die Stelle einer zur Zeit des Erbfalls nicht mehr lebenden berufenen Person treten die durch diese Person mit dem Erblasser oder der Erblasserin verwandten Abkömmlinge.

> **BEISPIEL**
>
> Als Christian Simon stirbt, ist sein Sohn Marco bereits fünf Jahre tot. An Marcos Stelle treten dann seine Kinder als Erben.

Ist der Erblasser oder die Erblasserin verheiratet, so gewährleistet die gesetzliche Erbfolge dem länger lebenden Ehepartner einen bestimmten Erbteil. Die Höhe hängt davon ab, ob und welche Verwandte des Erblassers außerdem erben und in welchem Güterstand die Eheleute gelebt haben.

Gesetzliches Erbrecht ehelicher Kinder

Die gesetzliche Erbfolge bestimmt in erster Linie die Abkömmlinge des Erblassers, also seine Kinder, Enkel, Urenkel usw. zu seinen gesetzlichen Erben. Sind mehrere Kinder vorhanden, so erben sie zu gleichen Teilen. Ein lebendes Kind schließt seine eigenen Nachkommen aus. Leben also außer den Kindern des Erblassers bereits weitere Abkömmlinge, so erben nur die Kinder, nicht die Enkel oder Urenkel. Doch wenn ein Kind des Erblassers bereits vor diesem verstirbt, so tritt dessen Nachkomme, also der Enkel des Erblassers, an die Stelle seines vorverstorbenen Elternteils.

GUT ZU WISSEN

Solange Erben oder Erbinnen der ersten Ordnung vorhanden sind, werden alle anderen Verwandten von der Erbfolge ausgeschlossen.

BEISPIEL

→ Der verwitwete Andreas Schreiber hinterlässt zwei Kinder, Björn und Carla. Das Kind Dieter ist bereits vor dem Erbfall verstorben. Dieter hinterlässt zwei Kinder, Emilia und Franziska. Es erben Björn und Carla jeweils ein Drittel, Emilia und Franziska jeweils ein Sechstel.

→ Die geschiedene Mathias Lichter hinterlässt seine Tochter Beate, zwei Enkel und zwei Geschwister. Beate ist Alleinerbin. Damit sind ihre beiden Kinder von der gesetzlichen Erbfolge ausgeschlossen. Auch die Geschwister des Erblassers sind nicht gesetzliche Erben.

Gesetzliches Erbrecht nicht ehelicher Kinder

Gegenüber der Mutter ist das nicht eheliche Kind immer erbberechtigt. Beim Erbrecht des nicht ehelichen Kindes gegenüber dem Vater kommt es auf das zum Zeitpunkt des Erbfalls jeweils geltende Familienrecht an.

Für Erbfälle seit dem 1.4.1998 sind nicht eheliche Kinder den ehelichen gleichgestellt. Das heißt, auch nicht eheliche Kinder haben einen gesetzlichen Anspruch auf alle Teile des Nachlasses und sie werden auch Mitglied einer Erbengemeinschaft.

Eine Ausnahme von dieser Regelung besteht für die alten Bundesländer: Danach gelten vor dem 1.7.1949 geborene nicht eheliche Kinder als nicht mit ihrem Vater verwandt und erben deshalb nichts. Mit Urteil vom 28.5.2009 hat der Europäische Gerichtshof für Menschenrechte entschieden, dass vor dem 1.7.1949 geborene nicht eheliche Kinder diskriminiert werden, wenn sie von der gesetzlichen Erbfolge gegenüber dem Vater ausgeschlossen sind. Nach der gesetzlichen Neuregelung haben deshalb vor dem 1.7.1949 geborene Kinder ein gesetzliches Erbrecht, wenn der Vater nach dem 29.5.2009 verstorben ist. Starb der Vater dagegen vor dem 29.5.2009, bleibt es dabei, dass dem vor dem 1.7.1949 geborenen nicht ehelichen Kind kein gesetzliches Erbrecht zusteht.

Hatte der Vater des nicht ehelichen Kindes am 2.10.1990 seinen gewöhnlichen Aufenthalt in der ehemaligen DDR, sind auch nicht eheliche Kinder, die vor dem 1.7.1949 geboren wurden, wie eheliche Kinder zu behandeln und damit erbberechtigt. Nicht von Bedeutung ist der Geburtsort oder der Aufenthaltsort des Kindes.

→ **TIPP**

Sind nach Ihrem Tod in einer Erbengemeinschaft Schwierigkeiten unter ehelichen und nicht ehelichen Kindern zu befürchten, so können Sie vorbeugen, indem Sie das nicht eheliche Kind enterben. Sie können es auf den Pflichtteil setzen oder, um es finanziell nicht zu benachteiligen, ein Vermächtnis in Höhe des Werts des gesetzlichen Erbteils bestimmen.

Gesetzliches Erbrecht der Eltern und Geschwister

Erben der zweiten Ordnung sind die Eltern, Geschwister, Neffen und Nichten, des Erblassers und deren Kinder. Sie erben nur dann, wenn keine Erben der ersten Ordnung, also keine Abkömmlinge des Erblassers, vorhanden sind. Die gesetzlichen Erben der zweiten Ordnung schließen ihrerseits die Erben der dritten Ordnung von der Erbfolge aus.

Leben zur Zeit des Erbfalls beide Eltern, so erben sie allein und zu gleichen Teilen. Lebt ein Elternteil nicht mehr, so treten an seine Stelle dessen Abkömmlinge, also die Geschwister oder Stiefgeschwister des Erblassers. Gibt es keine Abkömmlinge, so erbt der länger lebende Elternteil allein. Sind beide Eltern bereits verstorben, so kommen allein deren Abkömmlinge zum Zuge.

BEISPIEL

- → Silvia Cramer ist nicht verheiratet und hat keine Kinder. Wenn sie stirbt, erben ihre Eltern und, falls diese nicht mehr leben, Silvias Geschwister. Leben auch die Geschwister nicht mehr, erben die Neffen und Nichten oder deren Abkömmlinge.
- → Der geschiedene Sven Vogel hinterlässt seine Eltern Clemens und Melanie und zwei Brüder. Es erben die Eltern je zur Hälfte. Die Geschwister sind von der gesetzlichen Erbfolge ausgeschlossen.

→ **TIPP**

Häufig wollen kinderlose Ledige, wenn nur noch ein Elternteil lebt, dass dieser Alleinerbe wird und die Geschwister nicht erben. In diesem Fall bedarf es einer entsprechenden testamentarischen Verfügung.

BEISPIEL

Der geschiedene Thomas Weiler hinterlässt vier Großeltern und eine Tante. Jeder Großelternteil erbt ein Viertel des Nachlasses. Die Tante ist von der gesetzlichen Erbfolge ausgeschlossen, weil alle Großelternteile noch leben.

Gesetzliches Erbrecht der Großeltern

In der Verwandtenerbfolge bilden die Großeltern des Erblassers und deren Abkömmlinge die Erben der dritten Ordnung. Leben zur Zeit des Erbfalls die Großeltern väter- und mütterlicherseits, so erben sie allein und zu gleichen Teilen. Lebt zur Zeit des Erbfalls von einem Großelternpaar der Großvater oder die Großmutter nicht mehr, so treten an die Stelle des verstorbenen Großelternteils dessen Abkömmlinge (zum Beispiel Tanten, Onkel). Sind keine Abkömmlinge vorhanden, so fällt der Anteil des Verstorbenen dem anderen Teil des Großelternpaars, und wenn dieser nicht mehr lebt, dessen Abkömmlingen zu. Lebt zur Zeit des Erbfalls ein Großelternpaar nicht mehr und haben die Verstorbenen keine Abkömmlinge, so erben die anderen Großeltern und deren Abkömmlinge allein.

Gesetzliches Erbrecht der weiteren Verwandten

Erben der vierten Ordnung sind die Urgroßeltern des Erblassers und deren Abkömmlinge. Sie erben erst dann, wenn kein Verwandter der vorhergehenden Ordnungen vorhanden ist. Lebt nur noch ein Urgroßelternteil, so erbt er allein und schließt alle Abkömmlinge der anderen vorverstorbenen Urgroßeltern aus.

Gesetzliche Erben der fünften und der ferneren Ordnungen sind die entfernteren Verwandten des Erblassers oder der Erblasserin und deren Abkömmlinge.

Gesetzliches Erbrecht des länger lebenden Ehepartners

Neben den Verwandten ist der länger lebende Ehepartner des Erblassers gesetzlicher Erbe. Dies trifft jedoch nur dann zu, wenn die Ehe zum Zeitpunkt des Todes des Erblassers noch besteht. Die Ehe darf weder rechtskräftig geschieden noch aufgehoben noch für nichtig erklärt worden sein.

Trotz bestehender Ehe kann das gesetzliche Erbrecht des länger lebenden Ehepartners ausgeschlossen sein. Das ist der Fall, wenn zur Zeit des Erbfalls die Voraussetzungen für die Scheidung der Ehe gegeben waren und der Erblasser die Scheidung beantragt oder ihr zugestimmt hatte. Stirbt also der Ehepartner während des Scheidungsverfahrens, dann verliert der länger lebende Ehegatte sein gesetzliches Erbrecht, wenn der Erblasser vor seinem Tod dem Scheidungsantrag seines Ehepartners zugestimmt hatte. Hatte zwar der länger lebende Ehepartner den Scheidungsantrag bei Gericht eingereicht, der Erblasser aber noch nicht zugestimmt, ist der Ehepartner nach wie vor gesetzlicher Erbe.

> **ACHTUNG**
>
> Die bloße Trennung der Eheleute führt nicht zum Ausschluss des Erbrechts des Ehepartners.

Die Höhe des Erbteils des länger lebenden Ehepartners richtet sich zunächst danach, ob und gegebenenfalls welche Verwandten des Erblassers neben ihm erben. Außerdem ist von Bedeutung, in welchem Güterstand die Eheleute während der Ehe gelebt haben. Der Güterstand bezeichnet die Vermögensverhältnisse der Eheleute untereinander. Er regelt, wem das Vermögen gehört, das die Eheleute in die Ehe eingebracht und während der Ehe erworben haben, wer dieses verwaltet und wer für eventuelle Schulden haftet. Die wichtigsten Güterstände sind der gesetzliche Güterstand der Zugewinngemeinschaft und der vertragliche Güterstand der Gütertrennung.

Erbteil des Ehepartners bei Zugewinngemeinschaft

Sofern die Eheleute durch einen Ehevertrag nichts anderes vereinbart haben, leben sie im gesetzlichen Güterstand der Zugewinngemeinschaft. Die Besonderheit dieses Güterstands besteht darin, dass zwar das Vermögen der Eheleute während des Bestehens der Ehe rechtlich getrennt behandelt wird, der während der Ehe von den Eheleuten jeweils erzielte Zugewinn aber nach Beendigung des Güterstands ausgeglichen wird. Dies nennt man Zugewinnausgleich.

Wenn eine Ehe durch Tod endet, erfolgt der Zugewinnausgleich dadurch, dass der gesetzliche Erbteil des Ehepartners pauschal um eine bestimmte Quote erhöht wird. Dies ist die sogenannte erbrechtliche Lösung.

Wird der Güterstand durch den Tod eines Ehepartners beendet, so wird der Ausgleich des Zugewinns dadurch verwirklicht, dass sich der gesetzliche Erbteil des länger lebenden Ehepartners pauschal um ein Viertel der Erbschaft erhöht, und zwar unabhängig davon, ob überhaupt ein Zugewinn während der Ehe erwirtschaftet wurde und wenn ja, wer diesen erlangt hat. Danach erbt der Ehepartner wie folgt:

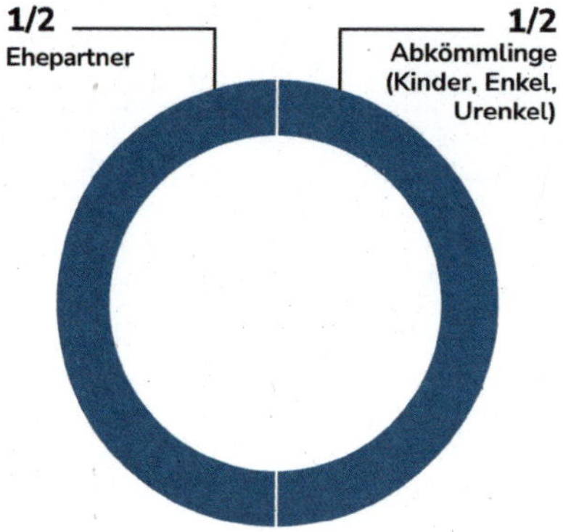

Neben Verwandten der ersten Ordnung (Kinder, Enkel, Urenkel) erbt der Ehepartner die Hälfte des Nachlasses (ein Viertel gesetzlicher Erbteil plus ein Viertel pauschaler Zugewinnausgleich).

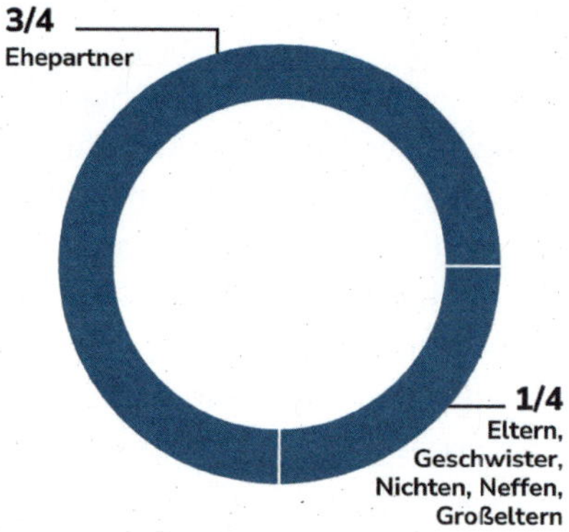

Neben Verwandten der zweiten Ordnung (Eltern, Geschwister, Neffen, Nichten) oder neben Großeltern erbt der Ehepartner drei Viertel des Nachlasses (die Hälfte gesetzlicher Erbteil plus ein Viertel pauschaler Zugewinnausgleich).

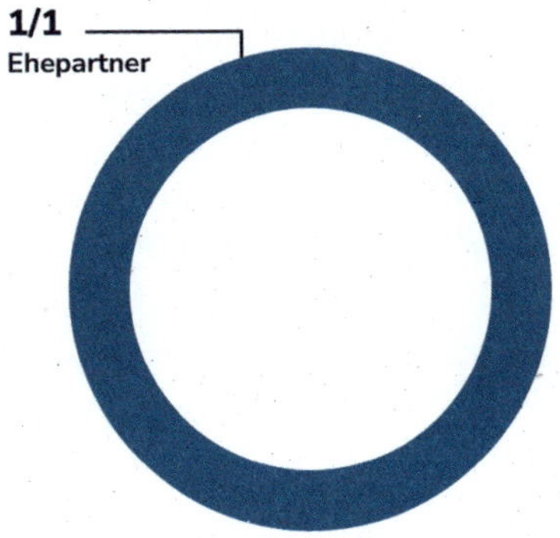

Konkurriert der länger lebende Ehepartner ausschließlich mit Erben der dritten Ordnung (Großeltern und deren Abkömmlinge), erhält er den gesamten Nachlass, es sei denn, einzelne Großelternteile leben noch.

Der länger lebende Ehepartner hat aber auch die Möglichkeit, die Erbschaft auszuschlagen und dafür den konkret berechneten Zugewinnausgleich sowie den kleinen Pflichtteil zu verlangen. Dies ist die sogenannte güterrechtliche Lösung.

> BEISPIEL
>
> Richard Weber hinterlässt seine Frau Maria und seine Tochter Iris, die drei Kinder hat. Sein Sohn Clemens ist bei einem Autounfall vor Jahren verunglückt; er war verheiratet und hat zwei Kinder. Richards Ehefrau Maria erhält die Hälfte des Nachlasses. Die andere Hälfte geht an die Kinder. Iris erhält ein Viertel; ihre Kinder sind damit von der gesetzlichen Erbfolge ausgeschlossen. Das andere Viertel erhalten die beiden Kinder von Clemens für ihren Vater, also jeweils ein Achtel.

Erbteil des Ehepartners bei Gütertrennung

Eheleute können Gütertrennung ausdrücklich in einem Ehevertrag vereinbaren, sie tritt automatisch aber auch dann ein, wenn die Eheleute den gesetzlichen Güterstand der Zugewinngemeinschaft ausgeschlossen oder aufgehoben haben, ohne einen anderen Güterstand zu vereinbaren, oder wenn sie den Ausgleich des Zugewinns oder den Versorgungsausgleich ausgeschlossen haben. Bei der Gütertrennung wird das Vermögen der Eheleute vollständig voneinander getrennt. Das betrifft nicht nur das in die Ehe jeweils eingebrachte, sondern auch das während der Ehe jeweils erworbene Vermögen. Endet die Ehe durch Scheidung oder den Tod eines Ehepartners, findet kein Zugewinnausgleich statt. Auch die pauschale Erhöhung des Erbteils des länger lebenden Ehepartners um ein Viertel wie bei der Zugewinngemeinschaft gibt es bei der Gütertrennung nicht.

Beim Güterstand der Gütertrennung erbt der länger lebende Ehepartner neben Verwandten der ersten Ordnung (Kinder, Enkel, Urenkel) ein Viertel, neben Verwandten der zweiten Ordnung (Eltern, Geschwister, Neffen, Nichten) oder neben Großeltern die Hälfte des Nachlasses. Sind weder Verwandte der ersten oder der zweiten Ordnung noch Großeltern vorhanden, so erbt der länger lebende Ehepartner die ganze Erbschaft.

Darüber hinaus gelten folgende Besonderheiten:

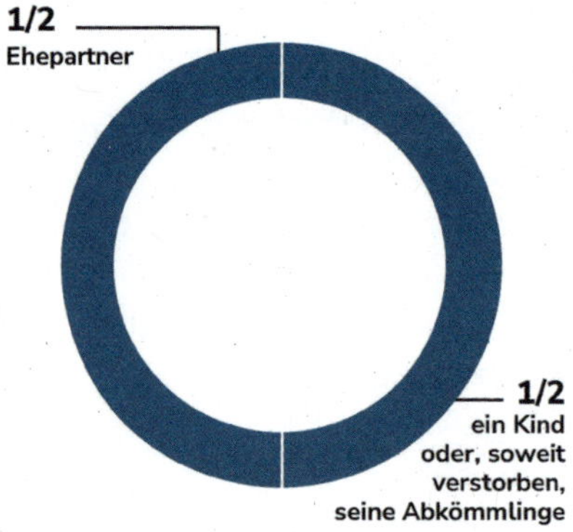

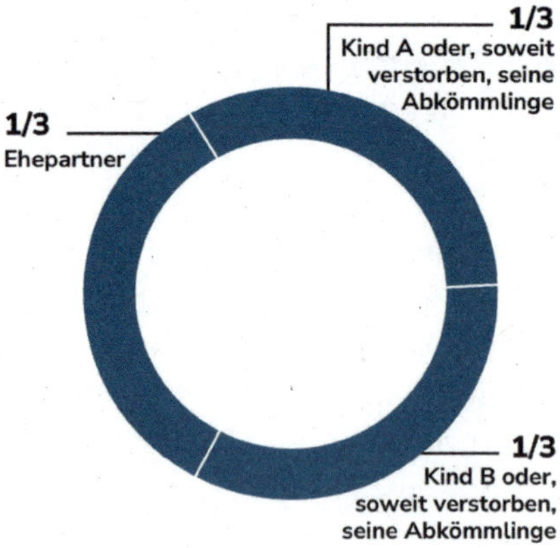

Erben neben dem länger lebenden Ehepartner ein oder zwei Kinder des Erblassers als gesetzliche Erben, so erben der länger lebende Ehepartner und jedes Kind zu gleichen Teilen. Neben einem Kind erbt also der Ehepartner die Hälfte, neben zwei Kindern ein Drittel.

Neben drei und mehr Kindern erbt der länger lebende Ehepartner immer ein Viertel, die Kinder teilen sich dann drei Viertel des Nachlasses.

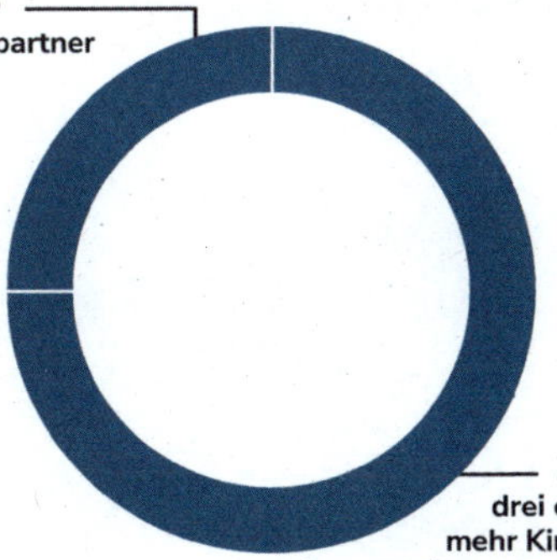

Erben neben dem länger lebenden Ehepartner die Eltern des Erblassers oder deren Abkömmlinge (zum Beispiel Geschwister des Erblassers), bekommt der länger lebende Ehepartner die Hälfte des Erbes.

Lebt ein Kind nicht mehr, so treten an seine Stelle seine Abkömmlinge.

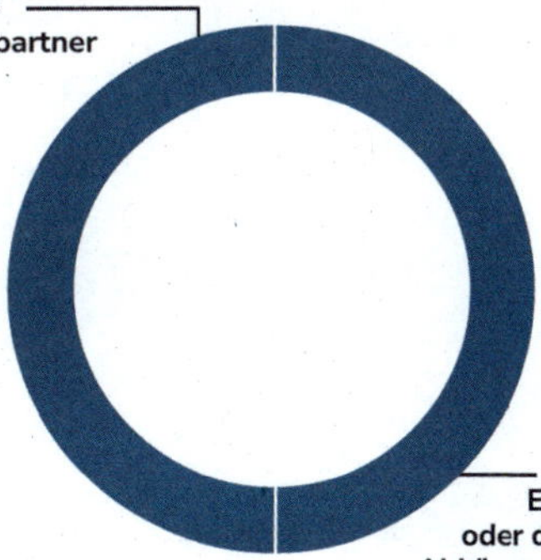

BEISPIEL

- → Adolf Keller hinterlässt seine Frau Brigitte und zwei Kinder. Brigitte und die beiden Kinder erben jeweils ein Drittel des Nachlasses.
- → Siegmund Frech hinterlässt seine Frau Barbara, drei Kinder und seine Eltern. Barbara und die drei Kinder erben jeweils ein Viertel. Siegmunds Eltern sind von der Erbfolge ausgeschlossen.

Immobilie und Pflichtteil

Das Gesetz räumt Ihnen das Recht ein, nach Belieben Verfügungen über Ihr Vermögen nach dem Tod zu treffen. Sie können durch Testament oder Erbvertrag den oder die Erben bestimmen, aber auch Ihren Ehepartner oder Verwandte von der Erbfolge ausschließen. Diese Testierfreiheit wird allerdings beschränkt durch den sogenannten Pflichtteil, mit dem das Gesetz Ihren nächsten Familienangehörigen einen Mindestanteil am hinterlassenen Vermögen garantieren will.

Kommt es im Erbrecht zu Streitigkeiten, so geht es sehr häufig um die Durchsetzung oder die Abwehr von Pflichtteilsansprüchen.

Streit um den Pflichtteil

Im Grunde geht es bei diesen Streitigkeiten darum, dass sich enterbte Familienangehörige gegenüber den Erben finanziell und emotional zurückgesetzt fühlen, weil sie von der Verwaltung und Verteilung des Nachlasses des oder der Verstorbenen ausgeschlossen werden. Nicht selten kommt hinzu, dass der Erblasser die von ihm testamentarisch eingesetzten Erben durch entsprechende Verfügungen schützt und damit unter Umständen sogar das Ziel verfolgt, die Ansprüche der Pflichtteilsberechtigten zu unterlaufen, indem er im Rahmen der erbrechtlichen Möglichkeiten die Pflichtteilsansprüche reduziert.

> **ACHTUNG**
>
> Pflichtteilsansprüche können den Erben oder die Erbin in wirtschaftliche Schwierigkeiten bringen, so insbesondere dann, wenn der Nachlass im Wesentlichen aus einer Immobilie besteht und keine liquiden Mittel für die Erfüllung des Geldanspruchs des Pflichtteilsberechtigten zur Verfügung stehen. Das kann letztlich zur Konsequenz haben, dass der Erbe oder die Erbin das Wohnhaus oder die Eigentumswohnung im Nachlass verkaufen muss, um die Geldansprüche der Pflichtteilsberechtigten zu befriedigen.

Praktischer Auslöser für die vielen Pflichtteilsstreitigkeiten sind vor allem folgende Ausgangssituationen:

→ **Berliner Testament:** Das Berliner Testament ist unter Eheleuten eine weit verbreitete Testamentsform. Es soll gegenüber der gesetzlichen Erbfolge vor allem die wirtschaftliche Existenz des länger lebenden Ehepartners absichern, indem sich die Eheleute wechselseitig zunächst als Alleinerben einsetzen und gleichzeitig bestimmen, dass die gemeinschaftlichen Kinder Schlusserben des länger lebenden Partners sein sollen. Zwangsläufig sind damit die Kinder als gesetzliche Erben beim Tod des zuerst verstorbenen Elternteils enterbt. Unter Umständen muss sich dann der länger lebende Elternteil beim ersten Erbfall mit Pflichtteilsansprüchen der Kinder auseinandersetzen, weil diese mit ihrer Beteiligung am Nachlass des zuerst verstorbenen Elternteils nicht bis zum Tod des länger lebenden Elternteils warten wollen und/oder befürchten, dass der Nachlass unter Umständen reduziert wird, bis sie Erbe werden.

→ **Zuwendungen zu Lebzeiten:** Häufig erfolgen im Wege der vorweggenommenen Erbfolge Zuwendungen zu Lebzeiten, zum Beispiel die Schenkung des Familienheims an ein Kind. Entsprechende Verfügungen lösen allerdings einen sogenannten Pflichtteilsergänzungsanspruch aus, der nach Eintritt des Erbfalls nicht selten zu Streitigkeiten unter Geschwistern führt, weil sich der eine oder die andere durch diese Vermögensübertragung zu Lebzeiten des Erblassers oder der Erblasserin benachteiligt fühlt.

Voraussetzungen des Pflichtteilsanspruchs

Eine pflichtteilsberechtigte Person hat Anspruch auf den Pflichtteil, wenn sie durch ein Testament oder einen Erbvertrag von der Erbfolge ausgeschlossen wurde. Der Pflichtteilsanspruch besteht allerdings auch dann, wenn der Erbe oder die Erbin zwar testamentarisch bedacht wird, die Zuwendung jedoch hinter dem zurückbleibt, was ihm oder ihr als Pflichtteil zustehen würde. Deshalb steht der pflichtteilsberechtigten Person der sogenannte Zusatzpflichtteil zu, wenn ihr ein Erbteil hinterlassen ist, der unter ihrem Pflichtteil liegt. Der Erblasser darf also seinen pflichtteilsberechtigten Erben nicht schlechterstellen als einen pflichtteilsberechtigten Enterbten. In diesem Fall hat der oder die Pflichtteilsberechtigte einen Anspruch darauf, dass ihm oder ihr der Restpflichtteil in Höhe der Differenz zwischen dem Erbe und dem ordentlichen Pflichtteil ausgezahlt wird.

Kein Anspruch auf den Pflichtteil besteht unter anderem, wenn

- → der oder die Berechtigte auf seinen oder ihren Pflicht- oder Erbteil notariell verzichtet oder
- → der Erblasser in seinem Testament oder Erbvertrag die Entziehung des Pflichtteils angeordnet hat. Das ist beispielsweise zulässig, wenn sich der oder die Berechtigte eines Verbrechens oder schweren vorsätzlichen Vergehens gegen den Erblasser oder einer ihm nahestehenden Person schuldig macht oder wenn der oder die Berechtigte eine gesetzliche Unterhaltspflicht gegenüber dem Erblasser böswillig verletzt.

Pflichtteilsberechtigte Personen

Pflichtteilsberechtigt sind nur die nächsten Familienangehörigen des Erblassers; das sind seine Abkömmlinge, seine Eltern und sein Ehepartner.

- → **Abkömmlinge:** Pflichtteilsberechtigt sind die Abkömmlinge des Erblassers, also die ehelichen und nicht ehelichen Kinder sowie angenommene (adoptierte) Kinder. Entferntere Abkömmlinge (zum Beispiel Enkel) kommen nur dann zum Zuge, wenn der nähere Abkömmling (zum Beispiel der Sohn) keinen Pflichtteil verlangen kann oder das Erbe nicht annimmt. Gibt es pflichtteilsberechtigte Kinder des Erblassers, sind seine Enkel vom Pflichtteilsreicht ausgeschlossen.
- → **Eltern:** Auch den Eltern steht ein Pflichtteilsrecht zu. Sie werden aber

nur berücksichtigt, wenn kein Abkömmling vorhanden ist, der nach der gesetzlichen Erbfolge vorgeht und den Pflichtteil verlangen kann oder wenn er das Erbe nicht annimmt.

→ **Ehepartner:** Das Pflichtteilsrecht des Ehepartners setzt voraus, dass eine rechtsgültige Ehe besteht. Nach einer Scheidung entfällt dieses Recht. Das Pflichtteilsrecht des länger lebenden Ehepartners ist zudem dann ausgeschlossen, wenn zur Zeit des Todes des Erblassers die Voraussetzungen für die Scheidung der Ehe gegeben waren und der Erblasser die Scheidung beantragt oder ihr zugestimmt hatte.

> GUT ZU WISSEN
>
> Nicht pflichtteilsberechtigt sind die entfernteren Verwandten des Erblassers, insbesondere seine Geschwister, Onkel, Tanten, Neffen und Nichten. Auch dem nicht ehelichen Lebenspartner steht kein Pflichtteil zu.

Inhalt und Höhe des Pflichtteils

Das Pflichtteilsrecht ist nicht identisch mit dem Erbrecht. Der oder die Pflichtteilsberechtigte ist nicht wie der Erbe oder die Erbin am Nachlass beteiligt. Er oder sie hat lediglich einen schuldrechtlichen Zahlungsanspruch in Geld gegen die Erben.

Der Pflichtteil beträgt die Hälfte des gesetzlichen Erbteils. Er folgt aus der Pflichtteilsquote und dem Wert des Nachlasses zum Zeitpunkt des Erbfalls.

Ermittlung der Pflichtteilsquote

Für die Pflichtteilsquote ist maßgebend, wie hoch der gesetzliche Erbteil desjenigen wäre, der seinen Pflichtteil verlangt. Die Höhe des Erbteils wiederum hängt von der Zahl der gesetzlichen Erben und deren Zusammensetzung ab.

Zur Feststellung der Pflichtteilsquote werden nicht nur die tatsächlichen Erben berücksichtigt. Mitgezählt wird auch, wer wegen Enterbung, Ausschlagung der Erbschaft oder Erbunwürdigkeit nicht Erbe geworden ist. Auch wer auf seinen Pflichtteil verzichtet hat, wird mitgezählt, nicht aber, wer zu Lebzeiten des Erblassers auf seinen Erbteil verzichtet hat.

Die Pflichtteilsquote wird also geringer, je mehr Erben es gibt. Schließlich hängt die Höhe des Erbteils von der Anzahl der Erben ab, was sich mittelbar dann natürlich auch auf die Höhe des Pflichtteils auswirkt.

> **BEISPIEL**
>
> André Klein hinterlässt seine vier Kinder Jörn, Carmen, Daniel und Evelyn. Jörn hat im Wege der vorweggenommenen Erbfolge bereits ein Baugrundstück erhalten und im Gegenzug auf seinen Erbteil verzichtet. Zu Alleinerben zu jeweils gleichen Teilen sind Carmen und Daniel eingesetzt. Carmen hat allerdings die Erbschaft ausgeschlagen, Evelyn wurde im Testament enterbt. Bei der Berechnung des Pflichtteils wird Carmen mitgezählt, obwohl sie das Erbe ausgeschlagen hat, nicht aber Jörn, der auf seinen Erbteil verzichtet hat. Es bleiben also fiktiv drei Erben: Carmen, Daniel und Evelyn, deren Erbteil jeweils ein Drittel des Nachlasses betragen würde. Der Pflichtteil der enterbten Evelyn beträgt demnach ein Sechstel, die Hälfte ihres gesetzlichen Erbteils von einem Drittel.

Der Pflichtteil der Abkömmlinge bestimmt sich danach, ob der Erblasser oder die Erblasserin zum Todeszeitpunkt verheiratet war und in welchem Güterstand die Eheleute gelebt haben. Für den gesetzlichen Güterstand der Zugewinngemeinschaft und den Wahlgüterstand der Gütertrennung bedeutet das Folgendes:

→ **Zugewinngemeinschaft:** Der gesetzliche Erbteil des länger lebenden Ehepartners von einem Viertel erhöht sich bei der Zugewinngemeinschaft um ein weiteres Viertel, wenn er Erbe wird. Der Erbteil beträgt damit die Hälfte des Nachlasses, die andere Hälfte steht den Kindern nach Köpfen zu. Der Pflichtteil beträgt dann jeweils die Hälfte des Erbteils. Wird der länger lebende Ehepartner nicht Erbe, weil er im Testament enterbt ist oder die Erbschaft ausschlägt, so beträgt sein gesetzlicher Erbteil ein Viertel, den Kindern stehen drei Viertel nach Köpfen zu. Für den Pflichtteil ist dann der Erbteil zu halbieren.

→ **Gütertrennung:** Hinterlässt der Erblasser als gesetzliche Erben neben dem Ehepartner ein oder zwei Kinder, so beträgt die Erbquote für ein Kind die Hälfte oder bei zwei Kindern ein Drittel. Ab drei Kinder erbt der Ehepartner zu einem Viertel und die drei Kinder je ein Viertel. Auch wenn mehr als drei Kinder vorhanden sind, erbt der Ehepartner ein Viertel, die Kinder erben drei Viertel, geteilt durch die Kinderzahl. Auch hier beträgt der Pflichtteil die Hälfte des jeweiligen Erbteils.

ANZAHL DER KINDER	GESETZLICHER ERBTEIL	PFLICHTTEIL
1	1/2	1/4
2	1/4	1/8
3	1/6	1/12

Erb- und Pflichtteilsquote der Kinder bei Zugewinnehe

ANZAHL DER KINDER	GESETZLICHER ERBTEIL	PFLICHTTEIL
1	1/2	1/4
2	1/3	1/6
3	1/4	1/8

Erb- und Pflichtteilsquote der Kinder bei Gütertrennung

Auch für den Pflichtteil des Ehepartners ist von Bedeutung, ob die Eheleute im gesetzlichen Güterstand der Zugewinngemeinschaft gelebt oder Gütertrennung vereinbart haben.

→ **Zugewinngemeinschaft:** Haben die Eheleute im Güterstand der Zugewinngemeinschaft gelebt, so gibt es einen kleinen und einen großen Pflichtteil. Der große Pflichtteil wird unter Einbeziehung des zusätzlichen pauschalen Viertels aus dem Zugewinnausgleich berechnet. Er kann nur dann verlangt werden, wenn der Ehepartner auf einen Erbteil eingesetzt ist, der unter seinem Pflichtteil liegt (sogenannter Zusatzpflichtteil), oder nur mit einem Vermächtnis bedacht wurde, dessen Wert ebenfalls unter dem Pflichtteil liegt (sogenannter Pflichtteilsrestanspruch). Regelmäßig steht dem länger lebenden Ehepartner nur der kleine Pflichtteil zu. Er beträgt die Hälfte des gesetzlichen Erbteils des Ehepartners ohne das zusätzliche Viertel. Diesen kleinen Pflichtteil erhält der Ehepartner, wenn er die Erbschaft ausschlägt und den realen Ausgleich des Zugewinns verlangt. Neben Kindern beträgt der kleine Pflichtteil ein Achtel des Nachlasses.

→ **Gütertrennung:** Beim Güterstand der Gütertrennung erbt der länger lebende Ehepartner neben einem Kind die Hälfte, neben zwei Kindern ein Drittel und neben mehr als zwei Kindern ein Viertel des Nachlasses. Sein Pflichtteil beträgt also bei einem Kind ein Viertel, bei zwei Kindern ein Sechstel und bei mehr als zwei Kindern ein Achtel des Nachlasses.

BEISPIEL

Anton und Bettina Meister hatten bei ihrer Eheschließung kein Vermögen. Einen Ehevertrag haben sie nicht abgeschlossen. Es liegt kein Testament vor; es gilt also gesetzliche Erbfolge mit Zugewinnausgleich. Zum Zeitpunkt seines Todes hinterlässt Anton 200.000 Euro. Bettina hat keinen Zugewinn erzielt. Anton und Bettina haben zwei Kinder.
Nach der erbrechtlichen Lösung erhält Bettina ein Viertel als gesetzliche Erbin und ein weiteres Viertel als pauschalen Zugewinnausgleich, insgesamt also die Hälfte des Nachlasses (= 100.000 Euro). Die Kinder erhalten jeweils ein Viertel des Nachlasses.
Nach der güterrechtlichen Lösung kann Bettina die Erbschaft ausschlagen und den Zugewinnausgleich aus dem tatsächlich erzielten Zugewinn verlangen. Danach hat Bettina Anspruch auf die Hälfte des erzielten Zugewinns (= 100.000 Euro). Daneben kann sie ihren Pflichtteil in Höhe der Hälfte ihres gesetzlichen Erbteils von einem Viertel, also ein Achtel aus dem Nachlasswert von 200.000 Euro (= 25.000 Euro) verlangen. Somit erhält Bettina insgesamt 125.000 Euro und stellt sich finanziell damit günstiger als beim pauschalierten Zugewinnausgleich.

ANZAHL DER KINDER	PFLICHTTEIL
1	1/4
2	1/6
3 und mehr	1/8

Pflichtteilsquote des Ehepartners neben Kindern bei Gütertrennung

Ermittlung des Nachlasswerts

Für die Höhe des Pflichtteils ist neben der Pflichtteilsquote der Wert des Nachlasses maßgebend. In diesem Zusammenhang ist zwischen dem Aktiv- und dem Passivnachlass zu unterscheiden.

> **ACHTUNG**
>
> Beachten Sie, dass sich der Nachlass zum Zeitpunkt des Erbfalls noch dadurch erhöht, dass vom Erblasser oder von der Erblasserin vorgenommene Schenkungen in den letzten zehn Jahren vor seinem oder ihrem Tod dem Nachlass hinzugerechnet werden. In diesem Fall entsteht der bereits erwähnte Pflichtteilsergänzungsanspruch.

Zum Aktivnachlass gehören alle vermögensrechtlichen Positionen des Erblassers oder der Erblasserin. In Betracht kommen insbesondere Bargeld, Guthaben auf Girokonten, Sparkonten und Sparverträgen, Wertpapiere, Darlehensforderungen, Beteiligungen an Personen- und Kapitalgesellschaften, Grundstücke, Eigentumswohnungen, Erbbaurechte, Kraftfahrzeuge, Hausratsgegenstände, Urheber- und Patentrechte.

Maßgebend bei der Bewertung ist grundsätzlich der Verkaufswert (Verkehrswert) des jeweiligen Nachlassgegenstands. Der oder die Pflichtteilsberechtigte ist wirtschaftlich so zu stellen, als sei der Nachlass beim Tod des Erblassers in Geld umgesetzt worden. Eine vom Erblasser getroffene Wertbestimmung ist nicht maßgebend.

Von besonderer Bedeutung ist die Bewertung von Immobilien, weil diese häufig den größten Wert im Nachlass darstellen. Dabei wird zwischen unbebauten und bebauten Grundstücken unterschieden.

Unbebaute Grundstücke sind Grundstücke, auf denen sich keine benutzbaren Gebäude befinden oder vorhandene keiner dauerhaften Nutzung zugeführt werden können. Sie sind grundsätzlich nach der Vergleichswertmethode, also nach dem Wert gleichwertiger Grundstücke, zu bewerten. Maßgebend sind insbesondere die von den Gutachterausschüssen in den Städten und Gemeinden geführten Kaufpreissammlungen und die darauf abgestellten Bodenrichtwerte, denen tatsächlich erzielte Kaufpreise, die wegen ihrer Lage, Beschaffenheit, Größe und Alter mit dem zu bewertenden Grundstück vergleichbar sind, zugrunde liegen.

Bebaute Grundstücke sind Grundstücke, auf denen sich benutzbare Gebäude befinden. Bei der Ermittlung des Verkehrswerts bebauter Grundstücke wird insbesondere zwischen Ein- und Zweifamilienhäusern, Mietwohngrundstücken, Wohnungseigentum und Geschäftsgrundstücken unterschieden.

- **Das selbst genutzte Ein- oder Zweifamilienhaus und die selbst genutzte Eigentumswohnung** werden nach dem Vergleichswertverfahren bewertet. Nach diesem Verfahren wird der Marktwert einer Immobilie aus tatsächlich realisierten Kaufpreisen von anderen Grundstücken abgeleitet, die in Lage, Nutzung, Bodenbeschaffenheit, Zuschnitt und sonstiger Beschaffenheit hinreichend mit dem zu vergleichenden Grundstück übereinstimmen. Mehr dazu ab → Seite 177.
- **Mietwohnimmobilien und Geschäftsimmobilien** werden nach dem Ertragswertverfahren bewertet. Mietwohnimmobilien sind Immobilien, die zu mehr als 80 Prozent, berechnet nach der Wohn- oder Nutzfläche, Wohnzwecken dienen, und nicht Ein- und Zweifamilienhäuser oder Wohnungseigentum sind.
  Geschäftsimmobilien sind Immobilien, die zu mehr als 80 Prozent, berechnet nach der Wohn- und Nutzfläche, eigenen oder fremden betrieblichen oder öffentlichen Zwecken dienen. Der Bodenwert wird wie der Wert eines unbebauten Grundstücks ermittelt (siehe oben). Beim Ertragswertverfahren werden – vereinfacht ausgedrückt – die zukünftigen Erträge, die mit der Immobilie dauerhaft erwirtschaftet werden können (insbesondere die Mieteinnahmen bei einem vermieteten Mehrfamilienhaus), ermittelt. Die jährlich erzielbare Summe aller Erträge ergibt den Jahresrohertrag, von dem der nicht auf den oder die Mieter umlegbare Anteil der Bewirtschaftungskosten (zum Beispiel Betriebs-, Verwaltungs- und Instandhaltungskosten) abzuziehen ist. Der so ermittelte Ertragswert und der Grundstückswert werden addiert.
- **Immobilien, für die kein Vergleichswert vorliegt und Geschäftsimmobilien, für die sich auf dem örtlichen Immobilienmarkt keine übliche Miete ermitteln lässt,** werden nach dem Sachwertverfahren bewertet. Auch bei diesem Verfahren ist – wie beim Ertragswertverfahren – der Wert der baulichen Anlagen getrennt vom Bodenwert zu ermitteln. Anders als beim Sachwertverfahren wird der Wert nicht nach dem Ertrag, sondern nach den Herstellungskosten ermittelt, wobei wertmindernde Umstände wie Reparaturstau, das Alter oder Bauschäden zu berücksichtigen sind.

> **GUT ZU WISSEN**
>
> Für die Wertermittlung ist der Zeitpunkt des Erbfalls entscheidend. Nachträgliche Wertsteigerungen oder -minderungen werden nicht berücksichtigt.

Vom Aktivnachlass, also von allen positiven Vermögenswerten im Nachlass, sind Schulden des Erblassers abzuziehen, die dieser zum Zeitpunkt des Erbfalls hinterlässt. Nach dem Erbfall entstehende Schulden sind abzugsfähig, wenn sie rechtlich auf den Erbfall zurückzuführen sind. Das trifft zum Beispiel auf Beerdigungskosten, Anwalts- und Gerichtskosten, soweit sie mit dem Erbfall zusammenhängen, oder Kosten der Nachlassverwaltung zu.

Nicht abzugsfähig sind unter anderem Pflichtteils- und Pflichtteilsergänzungsansprüche, Kosten der Erbschaftsteuererklärung, Erbschaftsteuer, Verbindlichkeiten aus Vermächtnissen und Auflagen, Kosten der laufenden Grabpflege sowie Kosten der Testamentsvollstreckung.

Pflichtteilsergänzung bei Zuwendungen zu Lebzeiten

Als Erblasser oder Erblasserin können Sie den Pflichtteilsanspruch Ihrer nächsten Familienangehörigen nicht einfach dadurch mindern, dass Sie zu Lebzeiten Teile Ihres Vermögens durch Schenkungen an andere Personen übertragen. Ob Sie mit der Schenkung beabsichtigen, Pflichtteilsansprüche von Familienangehörigen zu mindern oder nicht, ist dabei ohne Bedeutung.

Machen Sie als Erblasser oder Erblasserin vor Ihrem Tod anderen Personen Geschenke, kann dies zu Ansprüchen auf Ergänzung des Pflichtteils gegen den Erben oder die beschenkte Person führen. Das gilt auch dann, wenn Sie Vermögen wie beispielsweise eine Immobilie im Wege der vorweggenommenen Erbfolge an ein Kind übertragen. Durch den Anspruch auf Pflichtteilsergänzung wird der oder die Pflichtteilsberechtigte so gestellt, als ob die Schenkung nicht erfolgt und damit Ihr Vermögen durch die Schenkung nicht verringert worden wäre. Allerdings findet eine Schenkung für die Berechnung des Ergänzungsanspruchs graduell immer weniger Berücksichtigung, je länger sie zurückliegt: Eine Schenkung im ersten Jahr vor dem Erbfall wird demnach voll in die Berechnung einbezogen, im zweiten Jahr wird sie jedoch nur noch zu 9/10, im dritten Jahr zu 8/10 und dann weiter absteigend berücksichtigt. Sind zehn Jahre seit der Schenkung verstrichen, bleibt diese unberücksichtigt.

Gesetzlich geschützt werden Pflichtteilsberechtigte nur gegen lebzeitige Schenkungen des Erblassers. Eine Zuwen-

GUT ZU WISSEN

Wurde einem oder einer Dritten eine Schenkung gemacht, so kann der oder die Pflichtteilsberechtigte den sogenannten Ergänzungspflichtteil verlangen. Das ist der Betrag, um den sich der Pflichtteil erhöht, wenn der Wert des Geschenks dem tatsächlichen Nachlass fiktiv zugerechnet wird.

dung, durch die jemand aus seinem Vermögen einen anderen bereichert, ist eine Schenkung, wenn beide Teile darüber einig sind, dass die Zuwendung unentgeltlich ist.

Unter Eheleuten gibt es häufig Zuwendungen ohne vertragliche Festlegungen, so zum Beispiel, wenn jemand aus seinem Vermögen eine Eigentumswohnung kauft und seinen Ehepartner als Miteigentümer ins Grundbuch eintragen lässt. Solche ehebedingten (oder unbenannten) Zuwendungen sind zwar unter den Eheleuten nicht als Schenkung anzusehen, werden aber erbrechtlich dennoch wie Schenkungen behandelt. Eine Ausnahme sind Zuwendungen, die der Unterhalts- oder Alterssicherung des Ehepartners dienen. Sie werden bei der Berechnung des Ergänzungsanspruchs nicht berücksichtigt.

Bei der Berechnung des Ergänzungspflichtteils wird der Wert des Geschenks dem realen Nachlass hinzugerechnet. Bei einer Immobilie wird der Verkehrswert angesetzt, den sie zum Zeitpunkt des Erbfalls hat. Hat der geschenkte Gegenstand nach der Schenkung beachtlich an Wert gewonnen, so wird der niedrigere Wert angesetzt.

Von dem rechnerisch erhöhten Nachlass wird der Gesamtnachlass entsprechend der Pflichtteilsquote errechnet. Davon ist der ordentliche Pflichtteil abzuziehen, der ohne den Wert des Geschenks berechnet wird. Daraus ergibt sich der Ergänzungspflichtteil.

BEISPIEL

Eine Schenkung liegt nicht vor, wenn ein Ehepartner kurz vor Erreichen des Rentenalters des anderen Ehepartners einen erheblichen Geldbetrag in dessen private Rentenversicherung eingezahlt hat. Bei einer derartigen Zahlung ist grundsätzlich von einer Zuwendung für eine angemessene Altersversorgung auszugehen, die in rechtlicher Hinsicht eine entgeltliche Leistung darstellt. Sie bleibt daher bei der Bemessung des Anspruchs eines oder einer Pflichtteilsberechtigten unberücksichtigt (Oberlandesgericht Stuttgart, Aktenzeichen 19 W 52/10).

Auskunfts- und Wertermittlungsanspruch des Pflichtteilsberechtigten

Sie als pflichtteilsberechtigte Person können Ihren Anspruch auf den Pflichtteil nur realisieren, wenn Sie wissen, was zum Nachlass gehört und welchen Wert der Nachlass hat. Deshalb ist der Erbe oder die Erbin verpflichtet, Ihnen auf Ihr Verlangen Auskunft über den Bestand des Nachlasses zu geben. Dafür genügt ein Verzeichnis über die Nachlassgegenstände und die Nachlassverbindlichkeiten. Außerdem muss der Erbe oder die Erbin Auskunft über Schenkungen des oder der Verstorbenen während der letzten zehn Jahre erteilen, weil diese bei der Berechnung des Pflichtteils auszugleichen sind.

Sie können vom Erben oder von der Erbin die Vorlage eines Bestandsverzeichnisses verlangen, das Ihnen Aufschluss über die Höhe Ihres Anspruchs gibt. Sie können auch verlangen, dass Sie bei der Aufstellung des Verzeichnisses hinzugezogen werden; damit haben Sie Gelegenheit, sich selbst davon zu überzeugen, was im Nachlass an Nachlassgegenständen und Nachlassverbindlichkeiten vorhanden ist. Und schließlich können Sie sogar darauf bestehen, dass das Verzeichnis amtlich aufgenommen wird.

BEISPIEL

Volker Maurer hinterlässt seine Kinder Fabian und Amelie. Im Testament ist Fabian als Alleinerbe eingesetzt und Amelie damit enterbt. Das hinterlassene Vermögen beträgt 200.000 Euro. Amelie hätte als gesetzliche Erbin die Hälfte des Nachlasses, also 100.000 Euro, zugestanden; ihr Pflichtteil beträgt die Hälfte des gesetzlichen Erbteils, also ein Viertel des Nachlasses (= 50.000 Euro). Sieben Jahre vor seinem Tod hat der Erblasser Volker seinem Sohn Fabian im Wege der vorweggenommenen Erbfolge eine Eigentumswohnung im Wert von 250.000 Euro schenkweise übertragen: Dieser Betrag wird aber nicht in voller Höhe für die Berechnung des Ergänzungspflichtteils herangezogen, sondern nur zu 30 Prozent (10 Prozent Abzug für jedes Jahr), also 75.000 Euro. Dieser Betrag ist dem Nachlass von 200.000 Euro hinzuzufügen. Der Berechnungsnachlass beträgt dann 275.000 Euro, der gesetzliche Erbteil beträgt 137.500 Euro, der Gesamtpflichtteil 68.750 Euro (50.000 Euro ordentlicher Pflichtteil plus 18.750 Euro Ergänzungspflichtteil).

Wenn feststeht, welche Gegenstände zum Nachlass gehören, können Sie vom Erben oder von der Erbin verlangen, dass der Wert des Nachlasses festgestellt wird. In diesem Zusammenhang können Sie auch verlangen, dass ein unabhängiger Sachverständiger hinzugezogen wird.

Die Kosten für die Erstellung des Nachlassverzeichnisses und der Wertermittlung werden aus dem Nachlass bestritten. Sie treffen also den Erben oder die Erbin, daneben aber mittelbar auch Sie als pflichtteilsberechtigte Person, denn der Wert des Nachlasses verringert sich um diese Kosten.

Schuldner des Pflichtteils- und des Pflichtteilsergänzungsanspruchs

Sowohl der Pflichtteils- als auch der Pflichtteilsergänzungsanspruch richtet sich grundsätzlich gegen den oder die Erben. Beim Pflichtteilsergänzungsanspruch haftet unter Umständen auch der Beschenkte.

Schuldner des Pflichtteilsanspruchs

Der Pflichtteilsanspruch richtet sich grundsätzlich gegen den Erben oder die Erbin. Besteht der Anspruch gegenüber einer Erbengemeinschaft, kann der oder die Pflichtteilsberechtigte sowohl gegen einen einzelnen als auch gegen alle Miterben gemeinsam vorgehen. Die Erben haften als Gesamtschuldner.

- → Bis zur Teilung des Nachlasses haftet jeder Erbe für den Pflichtteilsanspruch. Der oder die Pflichtteilsberechtigte kann von jedem Erben den gesamten Pflichtteil verlangen. Der in Anspruch genommene Erbe kann dann in Höhe der Erbquoten bei den anderen Miterben Rückgriff nehmen. Sein Vermögen außerhalb des Nachlasses muss ein Miterbe bis zur Teilung des Nachlasses für die Berichtigung von Pflichtteilsansprüchen nicht einsetzen.
- → Nach der Teilung des Nachlasses haftet jeder Miterbe nur für den seinem Erbteil entsprechenden Teil des Pflichtteils. Er haftet dann mit seinem gesamten Vermögen, also nicht nur mit seinem erhaltenen Erbteil.

Schuldner des Pflichtteilsergänzungsanspruchs

Hat der Erblasser oder die Erblasserin zu Lebzeiten eine Schenkung vorgenommen, kann sich, wie erwähnt, im Erbfall ein Pflichtteilsergänzungsanspruch ergeben. Dieser richtet sich wie der Pflichtteilsanspruch grundsätzlich gegen den Erben oder die Erbin. Mehrere Erben haften gesamtschuldnerisch. Weil allerdings der Pflichtteilsergänzungsanspruch unter Umständen nicht oder nur teilweise geltend gemacht werden kann, gewährt das Gesetz dem oder der Berechtigten nachrangig einen Anspruch gegen den Beschenkten oder die Beschenkte.

Der Anspruch auf Pflichtteilsergänzung durch den Beschenkten setzt voraus, dass der Erbe selbst aus rechtlichen Gründen (also nicht wegen bloßer Zahlungsunfähigkeit) nicht in der Lage ist, den Pflichtteilsergänzungsanspruch zu erfüllen. Das ist beispielsweise der Fall, wenn der Erbe seine Haftung durch Beantragung einer Nachlassverwaltung oder einer Nachlassinsolvenz wirksam auf den Nachlass beschränkt hat. In diesem Fall kann er Forderungen des Pflichtteilsberechtigten auf Ergänzung des Pflichtteils zurückweisen, wenn der Nachlass für die Erfüllung der Forderung nicht ausreicht. Ferner kann der Erbe auch dann einen Ergänzungsanspruch des Pflichtteilsberechtigten zurückweisen, wenn er dadurch seinen eigenen Pflichtteilsanspruch gefährdet. In diesen Fällen kann der Pflichtteilsberechtigte seinen Anspruch direkt beim Beschenkten geltend machen.

→ TIPP

Nur wenn die Schenkung in Form eines Geldbetrags erfolgte, hat der Pflichtteilsberechtigte einen Zahlungsanspruch gegenüber dem Beschenkten. Anderenfalls (zum Beispiel bei der Schenkung einer Immobilie) kann der Berechtigte vom Empfänger der Schenkung nur verlangen, dass dieser eine Zwangsvollstreckung in den geschenkten Gegenstand in Höhe des Ergänzungsanspruchs duldet. Allerdings kann der Beschenkte die Herausgabe der Immobilie zum Zwecke der Vollstreckung abwenden, indem er dem Berechtigten den zum vollen Pflichtteil fehlenden Betrag zahlt.

Fälligkeit des Anspruchs, Stundung

Der Anspruch auf den Pflichtteil entsteht mit dem Erbfall. Ob klar ist, wer Erbe ist oder ob das Testament rechtswirksam errichtet wurde, hat keine Bedeutung.

Die umgehende Durchsetzung des Pflichtteils- und des Pflichtteilsergänzungsanspruchs kann den Erben oder die Erbin unter Umständen in finanzielle Schwierigkeiten bringen. Besteht das Vermögen des Erben oder der Erbin im Wesentlichen aus einer Immobilie, muss er oder sie häufig einen Kredit aufnehmen oder sogar das Haus oder die Eigentumswohnung verkaufen, um den Pflichtteil auszahlen zu können.

Der Erbe oder die Erbin kann Stundung des Pflichtteilsanspruchs verlangen, um den Zeitpunkt der Zahlung hinauszuzögern. Stundung ist nur möglich, wenn die sofortige Erfüllung des gesamten Anspruchs für den Erben oder die Erbin wegen der Art der Nachlassgegenstände eine unbillige Härte wäre. Das ist insbesondere der Fall, wenn die Zahlung den Erben zwingen würde, das Familienheim aufzugeben oder ein Wirtschaftsgut zu verkaufen, das für ihn und seine Familie die wirtschaftliche Lebensgrundlage bildet. Ein solches Wirtschaftsgut kann eine vermietete Immobilie sein, die zum Zeitpunkt des Erbfalls die Lebensgrundlage des Erben oder der Erbin bildet. Allerdings sind auch die Interessen des oder der Pflichtteilsberechtigten zu berücksichtigen. Deshalb kommt beispielsweise eine Stundung dann nicht infrage, wenn absehbar ist, dass der Erbe oder die Erbin auch durch Stundung nicht in die Lage versetzt wird, sich jemals die finanziellen Mittel zur Erfüllung des Pflichtteilsanspruchs zu verschaffen (Oberlandesgericht Rostock, Aktenzeichen 3 U 32/17).

Verjährung

Für die Verjährung von Pflichtteilsansprüchen gilt grundsätzlich eine Frist von drei Jahren. Die Verjährungsfrist beginnt mit dem Schluss des Jahres, in dem der Erbfall eingetreten und damit der Anspruch entstanden ist und der Gläubiger, also die pflichtteilsberechtigte Person, von den Umständen, die diesen Anspruch begründen, und der Person des Schuldners, also des Erben oder der Erbin, Kenntnis erlangt oder ohne grobe Fahrlässigkeit hätte erlangen müssen. Ob der oder die Pflichtteilsberechtigte die Zusammensetzung und den Wert des Nachlasses bereits kennt, hat für den Beginn der Verjährungsfrist keine Bedeutung.

Immobilie im Nachlass der Erbengemeinschaft

Eine Erbengemeinschaft entsteht kraft Gesetzes, wenn die Erbschaft an mehrere Erben fällt. Dabei spielt es keine Rolle, ob der Erwerb auf gesetzlicher Erbfolge oder auf einem Testament oder einem Erbvertrag beruht. Mitglieder der Erbengemeinschaft, also Miterben, sind entweder die gesetzlichen oder die durch Testament oder Erbvertrag berufenen Erben.

Die Erbengemeinschaft ist eine sogenannte Gesamthandsgemeinschaft. Der Nachlass geht als Ganzes ungeteilt auf die Miterben über; er wird gemeinschaftliches Vermögen der Miterben. Als Sondervermögen ist der Nachlass vom Privatvermögen der einzelnen Miterben getrennt. Das gilt entsprechend auch für die Nachlassverbindlichkeiten. Jeder Miterbe hat am Nachlass den durch die gesetzliche Erbfolge oder durch die Verfügung von Todes wegen bestimmten Anteil.

Dem Miterben oder der Miterbin einer Erbengemeinschaft steht aber nicht das Eigentum an bestimmten Bruchteilen zu; vielmehr gehören alle Gegenstände des Nachlasses den Miterben gemeinschaftlich. Der einzelne Miterbe hat also kein Teilrecht an einem Nachlassgegenstand. Alle Miterben zusammen bilden eine Gesamthandsgemeinschaft, jeder und jede Einzelne ist also Eigentümer, aber nur mit den anderen zusammen. Deshalb kann auch ein Miterbe allein nicht über einzelne Nachlassgegenstände oder über seinen Anteil daran verfügen.

BEISPIEL

- Sofia und Ansgar Weiler sind verheiratet und haben zwei Kinder. Die Eheleute haben kein Testament errichtet. Nach dem Tod eines Ehepartners erben der länger lebende Partner und die zwei Kinder im Wege der gesetzlichen Erbfolge. Mit dem Erbfall wird der Nachlass gemeinschaftliches Vermögen der drei Erben.
- Patrick Schuster hat ein Testament errichtet und darin seine Ehefrau und seine Schwester als Erben eingesetzt. Die länger lebende Ehefrau und Patricks Schwester bilden nach seinem Tod eine Erbengemeinschaft.

BEISPIEL

Eine Erbengemeinschaft besteht aus vier Miterben, denen jeweils ein Anteil von einem Viertel am Nachlass zusteht. Besteht der Nachlass aus vier Grundstücken, so steht nicht jedem Miterben ein Grundstück zu; vielmehr können die Miterben über jedes Grundstück im Nachlass nur gemeinsam, das heißt zur „gesamten Hand", verfügen.

Verwaltung des Nachlasses

Die Erbengemeinschaft ist in erster Linie darauf angelegt, Nachlassverbindlichkeiten zu erfüllen, den Nachlass in Geld umzuwandeln (zum Beispiel durch den Verkauf einer Immobilie) und den Überschuss unter den Erben aufzuteilen. Die Verwaltung umfasst alle Maßnahmen zur Erhaltung, Nutzung und Mehrung des Nachlasses, gleichgültig, ob diese Maßnahmen nur im Innenverhältnis oder auch nach außen wirken.

- Das Innenverhältnis regelt die Beziehungen der Miterben untereinander. Es umfasst die Rechte und Pflichten der Erben im Umgang mit dem gemeinschaftlichen Vermögen.
- Im Außenverhältnis geht es um die Vertretung der Erbengemeinschaft gegenüber Dritten.

Gemeinschaftliche Verwaltung des Nachlasses

Das Gesetz sieht vor, dass die Miterben den Nachlass gemeinschaftlich verwalten. Dabei ist jeder Miterbe dem anderen gegenüber verpflichtet, bei Maßnahmen, die zur ordnungsgemäßen Verwaltung erforderlich sind, mitzuwirken. Bei Verwaltungsmaßnahmen der Miterben ist zu unterscheiden zwischen

- ordnungsgemäßen Verwaltungsmaßnahmen,
- außerordentlichen Verwaltungsmaßnahmen und
- unaufschiebbaren Verwaltungsmaßnahmen.

Konkret bedeutet das bei einer Immobilie im Nachlass Folgendes:

Maßnahmen der ordnungsgemäßen Verwaltung: Die ordnungsgemäße Verwaltung umfasst Maßnahmen, die zur Erhaltung, Sicherung und Nutzung des Nachlasses erforderlich sind. Solche Maßnahmen können mit einem einfachen Mehrheitsbeschluss durchgeführt werden, soweit sie aus Mitteln des Nachlasses beglichen werden können. Die Mehrheit wird nach Erbteilen berechnet, nicht nach der Zahl der Miterben. Ob eine ordnungsgemäße Verwaltung vorliegt oder eine Maßnahme darüber hinausgeht, ist nach dem konkreten Einzelfall zu beurteilen. Maßgebend sind unter anderem das Kosten-Nutzen-Verhältnis und die Frage, wie dringlich eine Maßnahme ist.

BEISPIEL

Zu einer ordnungsgemäßen Verwaltung zählen bei einer Immobilie im Nachlass der Abschluss von Verträgen für erforderliche Reparatur- und Instandsetzungsmaßnahmen, der Abschluss und die Kündigung von Mietverträgen und alle Maßnahmen zur Wahrnehmung der Verkehrssicherungspflicht.

Ein einzelner Miterbe hat einen Anspruch auf Zustimmung zur Verwaltungsmaßnahme, wenn die Maßnahme der ordnungsgemäßen Verwaltung dient und andere Miterben die Zustimmung verweigern. Das ist beispielsweise der Fall, wenn der Balkon an einem Wohnhaus schadhaft ist und die Baubehörde den Miterben die Auflage erteilt hat, den Balkon zu reparieren. Der Mitwirkungsanspruch kann notfalls im Wege der Klage durchgesetzt werden.

Maßnahmen der außerordentlichen Verwaltung: Außerordentliche Verwaltungsmaßnahmen sind Maßnahmen, die für den Nachlass eine erhebliche Bedeutung haben. Durch sie wird der Nachlass wesentlich verändert. Üblicherweise haben sie für alle Erben auch erhebliche wirtschaftliche Folgen. Entsprechende Maßnahmen, beispielsweise eine umfangreiche

Renovierung einer Immobilie im Nachlass, dürfen deshalb nur mit Zustimmung aller Miterben durchgeführt werden. Eine Maßnahme, die nicht einstimmig beschlossen wurde, ist unwirksam.

Um eine Maßnahme der außerordentlichen Verwaltung handelt es sich, wenn eine Immobilie verkauft werden soll, die den einzigen oder wesentlichen Teil des Nachlasses darstellt. Befinden sich im Nachlass allerdings mehrere Immobilien, so ist die Veräußerung einer Immobilie grundsätzlich keine Maßnahme der außerordentlichen, sondern der ordnungsgemäßen Verwaltung.

Unaufschiebbare Maßnahmen: Sogenannte Notverwaltungsmaßnahmen sind Maßnahmen der ordnungsgemäßen Verwaltung, die dringend erforderlich sind, um eine Beeinträchtigung des Nachlasses oder eines Nachlassgegenstands zu vermeiden. In diesem Fall ist jeder Miterbe im Rahmen einer Notgeschäftsführung berechtigt, notwendige Maßnahmen zu ergreifen, wenn die Zustimmung der anderen Miterben nicht schnell genug eingeholt werden kann.

BEISPIEL

Eine unaufschiebbare Maßnahme ist der Auftrag zur Reparatur einer defekten Heizung in den Wintermonaten oder zur Beseitigung einer Verstopfung des Wassersystems im Wohnhaus. Hingegen sind umfangreiche Instandsetzungsarbeiten an einem Haus im Regelfall nicht als Notverwaltungsmaßnahme anzusehen.

Nutzung einer Immobilie durch einen Miterben

Zwar ist jeder Miterbe und jede Miterbin berechtigt, einen zum Nachlass gehörenden Gegenstand zu nutzen, ein einzelner Miterbe darf jedoch nicht das Nutzungsrecht der anderen Miterben beeinträchtigen. Das bedeutet für Immobilien konkret:

- → Wird die Immobilie durch einen Miterben im Rahmen eines vor dem Erbfall mit dem Erblasser abgeschlossenen Mitvertrags bewohnt, tritt die Erbengemeinschaft in diesen Vertrag mit allen mietvertraglichen Rechten und Pflichten ein.
- → Ein zum Nachlass gehörendes Haus oder eine Eigentumswohnung darf von einem Miterben nicht eigenmächtig ohne Zustimmung der anderen Miterben allein genutzt werden. An-

dernfalls kann dieser Miterbe von den anderen Miterben aufgefordert werden, die Wohnung zu räumen oder eine Nutzungsentschädigung zu zahlen. Möchte also beispielsweise der länger lebende Ehepartner bei einer Erbengemeinschaft mit den Kindern die Eigentumswohnung im Nachlass nach dem Erbfall allein weiternutzen, können die Kinder verlangen, dass er anteilig eine ortsübliche Miete zahlt.

→ **TIPP**

Die Nutzung einer Immobilie nach Eintritt des Erbfalls führt häufig zu Streitigkeiten unter den Miterben. Das gilt insbesondere dann, wenn die Miterben vom länger lebenden Ehepartner, der schon lange in der Wohnung wohnt, eine anteilige Miete verlangen. Gerade für diesen Fall ist es deshalb sinnvoll, dem länger lebenden Ehepartner testamentarisch ein Wohnungsrecht einzuräumen (→ Seite 43).

Verfügung über Nachlassimmobilien

Wollen die Erben über eine Immobilie im Nachlass verfügen, müssen sie gemeinsam handeln. Das gilt beispielsweise, wenn eine Immobilie aus dem Nachlass verkauft, mit einer Hypothek oder Grundschuld belastet oder vermietet werden soll. Diese Verfügungen sind grundsätzlich nur zulässig, wenn alle Miterben zustimmen.

Eine solche Verfügung bezieht sich auf einen einzelnen Gegenstand im Nachlass wie zum Beispiel eine Eigentumswohnung, die verkauft werden soll. Die Verfügung über einen Nachlassgegenstand betrifft dagegen nicht den Erbteil eines Miterben, den dieser verkaufen will, wie im Folgenden erläutert wird.

Verkauf des Erbteils durch einen Miterben

Jeder Miterbe kann seinen Erbteil insgesamt an einen Dritten übertragen. Er kann seinen Erbteil verkaufen oder verschenken. Er kann seinen Anteil auch nur zu einem Bruchteil auf einen Dritten übertragen. Der Übertragungsvertrag muss notariell beurkundet werden.

> **ACHTUNG**
>
> Über seinen Anteil an den einzelnen Nachlassgegenständen, also beispielsweise einer Eigentumswohnung im Nachlass, kann ein Miterbe nicht allein verfügen. Nur über seinen Anteil am Nachlass als Ganzes ist der Miterbe verfügungsberechtigt. Über einzelne Nachlassgegenstände können, wie schon beschrieben, nur alle Miterben gemeinschaftlich verfügen.

Verkauft ein Miterbe seinen Erbteil an einen Dritten, so steht den übrigen Miterben ein gesetzliches Vorkaufsrecht zu. Dieses ist aber nur beim Verkauf gegeben. Verschenkt der Miterbe seinen Anteil, so müssen die anderen Miterben dies hinnehmen. Das Vorkaufsrecht steht allen in der Erbengemeinschaft verbliebenen Miterben gemeinschaftlich zu. Ein Miterbe, der seinen Erbteil bereits veräußert hat, gehört nicht dazu. Wenn ein Miterbe das Vorkaufsrecht nicht ausüben will, steht es den anderen Miterben allein zu.

Voraussetzung für das Vorkaufsrecht der Miterben ist, dass ein wirksamer Kaufvertrag zwischen dem verkaufswilligen Miterben und einem Dritten über den Erbteil zustande gekommen ist. Das Vorkaufsrecht bezieht sich immer auf die konkreten Bedingungen dieses Kaufvertrags. Der Verkäufer muss die übrigen Miterben nach Abschluss des Vertrags über den Verkauf seines Erbteils benachrichtigen. Da für den Verkauf ohnehin ein Notar eingeschaltet werden muss, der den Vertrag beurkundet, wird regelmäßig der Notar diese Pflicht erfüllen.

Wollen die Miterben (oder will ein Miterbe) das Vorkaufsrecht ausüben, müssen sie dies innerhalb von zwei Monaten erklären. Die Frist beginnt für jeden Vorkaufsberechtigten jeweils mit dem Zugang der Mitteilung über den Abschluss des Kaufvertrags. Ist der Kaufvertrag noch nicht vollzogen, sind also die Erbschaftsgegenstände noch nicht auf den Käufer übertragen, muss das Vorkaufsrecht gegenüber dem verkaufenden Miterben geltend gemacht werden. Danach kann es nur noch gegenüber dem Erwerber ausgeübt werden. Für die Ausübung des Vorkaufsrechts ist gesetzlich keine besondere Form vorgeschrieben.

Wird das Vorkaufsrecht von einem oder allen Miterben ausgeübt, haben sie gegenüber dem verkaufenden Miterben einen Anspruch auf Übertragung von dessen Erbteil. Es muss dann ein notariell beurkundeter Kaufvertrag zwischen dem verkaufswilligen Miterben und dem oder den Miterben abgeschlossen werden, die ihr Vorkaufsrecht geltend gemacht haben.

Anspruch des Miterben auf Teilung des Nachlasses

Eine Erbengemeinschaft ist grundsätzlich darauf ausgelegt, den Nachlass unter den Miterben zu verteilen (sogenannte Auseinandersetzung). Jeder Miterbe und jede Miterbin kann jederzeit die Teilung des Nachlasses, also die Auseinandersetzung, verlangen. Nach Zahlung der Nachlassverbindlichkeiten hat ein Miterbe gegenüber den übrigen Miterben einen Anspruch auf Aufteilung des Nachlasses, den er gegebenenfalls einklagen muss. Der Anspruch ist darauf gerichtet, dass die übrigen Miterben bei der Auseinandersetzung mitwirken, das heißt, unter anderem der Tilgung der Nachlassverbindlichkeiten, dem Auseinandersetzungsplan und dessen Vollziehung zustimmen müssen.

Der Erblasser oder die Erblasserin kann durch Testament oder Erbvertrag anordnen, dass die Teilung des Nachlasses ausgeschlossen ist. Eine solche Verfügung wird unwirksam, wenn 30 Jahre seit dem Eintritt des Erbfalls verstrichen sind. Das Verbot, den Nachlass zu teilen, kann auch an ein bestimmtes Ereignis (zum Beispiel das Erreichen eines bestimmten Alters eines Erben) gebunden sein.

GUT ZU WISSEN

Wenn sich alle Miterben einig sind, können sie vom durch den Erblasser oder die Erblasserin angeordneten Verbot der Nachlassteilung abweichen. Erforderlich ist also die Zustimmung aller Miterben.

Trotz eines Teilungsverbots kann ein Miterbe oder eine Miterbin dennoch die Nachlassteilung verlangen, wenn ein wichtiger Grund vorliegt. Ob das der Fall ist, ist im Einzelfall unter Berücksichtigung der Interessen aller Beteiligten zu beurteilen.

BEISPIEL

Ein wichtiger Grund wäre gegeben, wenn die Miterben untereinander so zerstritten sind, dass eine gemeinsame Verwaltung des Nachlasses nicht mehr möglich ist. Als wichtiger Grund ist auch anzusehen, wenn durch das Teilungsverbot eine Verschlechterung des Nachlasses (zum Beispiel Wertverlust) droht. Dagegen genügt der Geldbedarf einer Miterbin oder eines Miterben in der Regel nicht, entgegen dem Teilungsverbot des Erblassers die Auseinandersetzung zu verlangen.

Grundsätze für die Teilung des Nachlasses unter den Miterben

Für die Verteilung des Nachlasses enthält das Gesetz bestimmte Vorgaben, die Sie als Miterben zu beachten haben.

Erfüllung der Nachlassverbindlichkeiten

Vor der Nachlassteilung, also insbesondere vor der Teilung eines Überschusses, sind zunächst die Nachlassverbindlichkeiten zu tilgen. Ist eine Nachlassverbindlichkeit noch nicht fällig oder ist sie streitig, so muss die Erbengemeinschaft die Mittel, die zur Berichtigung, das heißt Erfüllung, der Nachlassverbindlichkeiten benötigt werden, zurückbehalten. Soweit es zur Berichtigung von Nachlassverbindlichkeiten erforderlich ist, muss die Erbengemeinschaft Nachlassgegenstände in Geld umsetzen (zum Beispiel eine Eigentumswohnung im Nachlass verkaufen).

Der Überschuss, der nach Berichtigung aller Nachlassverbindlichkeiten bleibt, ist unter den Erben nach dem Verhältnis der Erbteile zu verteilen. In erster Linie sind die Nachlassgegenstände in Natur zu teilen, wenn diese ohne Wertminderung in gleichartige, den Erbteilen der Miterben entsprechende Teile zerlegt werden können. Andernfalls wird der Nachlass durch Verkauf der Nachlassgegenstände, etwa einer Immobilie, geteilt und anschließend der Verlaufserlös gemäß den Erbteilen verteilt.

Ausgleichspflicht bei Ausstattungen

Abkömmlinge, die als gesetzliche Erben zur Erbfolge gelangen, sind verpflichtet, das, was sie vom Erblasser zu Lebzeiten als sogenannte Ausstattung erhalten haben, bei der Nachlassteilung auszugleichen, soweit der Erblasser bei der Zuwendung keine andere Anordnung getroffen hat. Eine Ausstattung ist beispielsweise eine Zuwendung der Eltern im Zusammenhang mit der Heirat des Kindes (sogenannte Aussteuer) oder finanzielle Unterstützung beim Bau eines Wohnhauses oder beim Erwerb einer Eigentumswohnung. Der Ausgleich einer Ausstattung bei der Nachlassteilung erfolgt, indem der Wert der Ausstattung auf den Erbteil des begünstigten Erben angerechnet wird.

> **GUT ZU WISSEN**
>
> Während eine Schenkung zurückgefordert werden kann, wenn die Schenkerin oder der Schenker verarmt, ist das bei der Ausstattung nicht möglich. Außerdem unterliegt die Ausstattung im Gegensatz zur Schenkung nicht der Pflichtteilsergänzung.

BEISPIEL

Ein Erbe hat vom Erblasser eine Ausstattung in Höhe von 20.000 Euro erhalten. Der Nachlasswert beträgt 100.000 Euro. Bei der Auseinandersetzung unter den Miterben wird die Ausstattung dem Nachlass hinzugerechnet (100.000 + 20.000 = 120.000 Euro). Der Erbteil des Erben wird dann um die 20.000 Euro reduziert.

Ausgleichspflicht bei besonderen Leistungen eines Abkömmlings

Ein Abkömmling, der durch Mitarbeit im Haushalt, Beruf oder Geschäft des Erblassers während längerer Zeit, durch erhebliche Geldleistungen oder in anderer Weise in besonderem Maße dazu beigetragen hat, dass das Vermögen des Erblassers erhalten oder vermehrt wurde, kann bei der Auseinandersetzung einen finanziellen Ausgleich unter den Abkömmlingen verlangen, die mit ihm als gesetzliche Erben zur Erbfolge gelangen. Dies gilt auch für einen Abkömmling, der die Erblasserin oder den Erblasser während längerer Zeit gepflegt hat.

ACHTUNG

Wenn die Erblasserin oder der Erblasser dem Abkömmling für die Leistungen ein angemessenes Entgelt gezahlt hat, hat der Abkömmling keinen Anspruch auf einen finanziellen Ausgleich.

Die Höhe des Ausgleichsbetrags hängt vom Zeitraum und vom Aufwand der Mitarbeit des Abkömmlings im Haushalt, Beruf oder Geschäft der Erblasserin oder des Erblassers ab. Bei der Pflege durch einen Abkömmling sind deren Dauer und die Höhe des damit verbundenen Einkommensverzichts maßgebend.

Bei der Auseinandersetzung wird der Ausgleichsbetrag dem Erbteil des ausgleichsberechtigten Miterben hinzugerechnet. Sämtliche Ausgleichsbeträge werden vom Wert des Nachlasses abgezogen, soweit dieser den Miterben zukommt, unter denen der Ausgleich stattfindet.

BEISPIEL

Die verwitwete Angelika Baum wird über lange Zeit von ihrer berufstätigen Tochter Petra gepflegt. Der Sohn Michael kümmert sich nicht um die Mutter. Angelika Baum stirbt, ohne ein Testament hinterlassen zu haben. Der Nachlass beträgt 100.000 Euro. Die Pflegeleistungen sind mit 20.000 Euro zu bewerten. Petra kann einen Ausgleich für ihre Pflegeleistungen verlangen. Von dem Nachlass wird zu ihren Gunsten der Ausgleichsbetrag in Höhe von 20.000 Euro abgezogen und der Rest, also 80.000 Euro, nach der Erbquote verteilt. Von den 80.000 Euro erhalten beide Geschwister die Hälfte, Petra zusätzlich den Ausgleichsbetrag von 20.000 Euro. Im Ergebnis erhält Petra also 60.000 Euro.

Teilungsanordnungen des Erblassers

Der Erblasser oder die Erblasserin kann beeinflussen, auf welche Art und Weise der Nachlass geteilt wird, indem er oder sie in einem Testament entsprechende Anordnungen trifft. In diesem Fall haben die Miterben die Aufteilung entsprechend diesen Anordnungen vorzunehmen.

BEISPIEL

Simon Feller setzt in seinem Testament seine Kinder Thea und Sven zu gleichen Teilen als Erben ein. Er verfügt, dass Thea den Bauplatz und das Wertpapierdepot, Sven die Eigentumswohnung erhalten soll.

Die Teilungsanordnung des Erblassers führt nicht automatisch zu der von ihm angeordneten Verteilung der Nachlassgegenstände unter den Miterben. Diese sind zwar verpflichtet, den Nachlass entsprechend den Vorgaben des Erblassers aufzuteilen, sie können sich aber durch einstimmigen Beschluss über seine Anordnung hinwegsetzen.

Die Teilungsanordnung ändert nichts an den Bruchteilen, zu denen ein Miterbe oder eine Miterbin am Nachlass beteiligt ist. Erhält also der einzelne Miterbe durch die Zuweisung bestimmter Nachlassgegenstände mehr, als ihm nach seiner Erbquote zusteht, so hat er den Mehrwert gegenüber den Miterben auszugleichen. Will der Erblasser, dass keine Ausgleichsansprüche entstehen, muss er dies ausdrücklich bestimmen. Dies ist jedoch nicht mit einer Teilungsanordnung möglich, sondern muss mit einem Vorausvermächtnis verfügt werden.

Erbauseinandersetzung

Den Miterben steht das Eigentum am Nachlass gemeinschaftlich zu. Durch die sogenannte Erbauseinandersetzung, also durch die Verteilung des Nachlasses unter den Miterben, wird Miteigentum am Nachlass in das Alleineigentum eines Erben oder einer Erbin überführt. Diese Auseinandersetzung des Nachlasses können die Erben auf verschiedenen Wegen erreichen. In Betracht kommen insbesondere

→ der Erbteilungsvertrag,
→ die Nachlassteilung durch einen Testamentsvollstrecker,
→ die Vermittlung durch das Nachlassgericht und
→ die Auseinandersetzungsklage, wenn über die Nachlassteilung zwischen den Miterben keine Einigung erzielt wird.

→ TIPP
Die Auseinandersetzung des Nachlasses kann auch in der Form erfolgen, dass ein Miterbe die Erbteile der anderen Miterben erwirbt. Auf diese Weise wird dann das gemeinschaftliche Eigentum aller Miterben am Nachlass in das Alleineigentum des Erwerbers übergeführt.

Erbteilungsvertrag

Wenn sich die Miterben über die Teilung des Nachlasses einig sind oder die Teilung des Nachlasses entsprechend den Teilungsanordnungen des Erblassers vorgenommen werden soll, können sie einen Erbteilungsvertrag abschließen, um die Aufteilung des Nachlasses zu regeln. Die Erben können die Vereinbarung inhaltlich frei ausgestalten. Sie können insbesondere auch von den gesetzlichen Auseinandersetzungsvorschriften abweichen. Der Erbteilungsvertrag beendet die gemeinsame Verwaltung des Nachlasses durch die Erben. Er schafft klare Verhältnisse und beugt künftigen Rechtsstreitigkeiten vor.

Der Erbteilungsvertrag bedarf grundsätzlich keiner Form; er kann also auch mündlich abgeschlossen werden. Aus Beweisgründen ist allerdings die Schriftform sinnvoll. Wenn durch die Vereinbarung unbebaute oder bebaute Grundstücke aus dem Nachlass auf einzelne Erben übertragen werden sollen, muss dies notariell beurkundet werden.

Teilungsplan des Testamentsvollstreckers

Der Testamentsvollstrecker oder die Testamentsvollstreckerin hat die Aufgabe, die letztwilligen Verfügungen der Erblasserin oder des Erblassers auszuführen. Dazu gehört auch die Teilung des Nachlasses, wenn mehrere Erben vorhanden sind. Richtlinien für die Nachlassteilung sind insbesondere die vom Erblasser getroffenen ausdrücklichen oder mutmaßlichen Teilungsanordnungen oder das Ermessen des Testamentsvollstreckers, wenn der Erblasser keine detaillierten Anordnungen über die Art und Weise der Nachlassteilung getroffen hat.

Der Testamentsvollstrecker hat konkret folgende Aufgaben:

- → Er stellt einen Teilungsplan auf, der auch ohne Zustimmung der Erben wirksam wird.
- → Vor der Ausführung des Plans muss er die Erben anhören.
- → Anschließend führt er den Teilungsplan aus.
- → Den nach der Berichtigung der Nachlassverbindlichkeiten verbleibenden Überschuss teilt er nach dem Verhältnis der Erbteile entsprechend den Anordnungen des Erblassers zu.

Einigung durch Vermittlung der Erbauseinandersetzung durch das Nachlassgericht

Wenn sich die Miterben über die Teilung des Nachlasses nicht einigen können und kein Testamentsvollstrecker vorhanden ist, kann jeder Miterbe das Nachlassgericht mit der Bitte um Vermittlung anrufen. Das Nachlassgericht beschränkt sich allerdings darauf, die Beteiligten anzuhören und zu vermitteln; einen eigenen Auseinandersetzungsplan legt das Gericht nicht vor. Die Vermittlung durch das Nachlassgericht kann unter Umständen eine Auseinandersetzungsklage verhindern.

Auseinandersetzungsklage

Wenn die Erben sich nicht über die Teilung des Nachlasses einigen können, kommt als letzter Weg zur Beendigung der Erbengemeinschaft die sogenannte Auseinandersetzungsklage infrage. Sie ist auf die Zustimmung der Miterben zu einem bestimmten Aufteilungsplan gerichtet.

Die Auseinandersetzungsklage ist letztlich der einzige rechtliche Weg, die gewünschte Nachlassteilung zwangsweise durchzusetzen, wenn eine einvernehmliche Teilung unter den Miterben nicht zustande kommt. Allerdings handelt es sich um ein aufwendiges und unter Umständen kostenträchtiges gerichtliches Verfahren mit einem für den Kläger oder die Klägerin beträchtlichen Prozessrisiko.

Die Auseinandersetzungsklage kann von jedem Miterben erhoben werden und zwar unabhängig von der Größe seines Erbteils. Anspruchsberechtigt ist auch der für einen Erbteil eingesetzte Testamentsvollstrecker anstelle des oder der betreffenden Miterben. Die Klage muss grundsätzlich ein Miterbe gegen die übrigen Miterben richten, wenn diese sich der Teilung des Nachlasses widersetzen.

Die Klage einer Miterbin oder eines Miterben auf Teilung des Nachlasses einer Erbengemeinschaft setzt voraus, dass der Nachlass „teilungsreif“ ist. Es muss also eindeutig feststehen oder zumindest feststellbar sein, welche Aktiva und Passiva im Nachlass vorhanden sind. Wenn also beispielsweise die Miterben über den Umfang des Nachlasses streiten, ist die notwendige Teilungsreife nicht gegeben.

Weil die Klage auf Zustimmung zu einem bestimmten Teilungsplan gerichtet sein muss, muss der Kläger oder die Klägerin einen solchen detaillierten Teilungsplan vorlegen. Falls nur einzelne Miterben dem vorgelegten Teilungsplan nicht zustimmen, sind nur diese zu verklagen. Für die Auseinandersetzungsklage ist nicht Voraussetzung, dass zuvor erfolglos ein Vermittlungsverfahren vor dem Nachlassgericht stattgefunden hat.

Zuständig für die Klage ist das Gericht, in dessen Bezirk der Erblasser seinen letzten Wohnsitz hatte. Für den Kläger oder die Klägerin fallen Gebühren nach dem Gerichts- und Notarkostengesetz an. Diese Gebühren, berechnet nach dem Wert seines Erbteils, muss er oder sie mit der Einreichung der Klage einzahlen.

→ **TIPP**

Bevor Sie als Miterbe oder Miterbin eine Auseinandersetzungsklage erheben, sollten Sie in jedem Fall fachkundigen Rat einholen. Wenn die Klage wegen eines Streitwerts von über 5.000 Euro vor dem Landgericht erhoben werden muss, besteht ohnehin Anwaltszwang.

Teilungsversteigerung von Immobilien im Nachlass

Wenn alle Stricke reißen und sich die Miterben nicht darüber einigen können, wie sie mit einem Grundstück, einem Haus oder einer Eigentumswohnung im Nachlass umgehen sollen, bleibt noch die Möglichkeit, einen Antrag auf eine sogenannte Teilungsversteigerung zu stellen. Bei diesem Verfahren wird die Immobilie versteigert und der Versteigerungserlös kann unter den Miterben entsprechend ihren Erbteilen aufgeteilt werden. Die Erbengemeinschaft selbst bleibt allerdings bestehen, bis der gesamte Nachlass unter den Miterben verteilt ist.

Ein Antrag auf Teilungsversteigerung kann von jedem Miterben formlos beim Amtsgericht gestellt werden. Der Antragsteller muss seine Erbenstellung durch einen Erbschein oder ein notarielles Testament mit Eröffnungsvermerk nachweisen. In groben Zügen läuft die Teilungsversteigerung wie folgt ab:

- Nach Eingang und Prüfung des Antrags durch das örtlich zuständige Amtsgericht, in dem das Grundstück liegt, beauftragt das Gericht einen Gutachter oder eine Gutachterin mit der Erstellung eines Wertgutachtens.
- Liegt das Gutachten vor, wird vom Gericht der Versteigerungstermin festgesetzt und öffentlich bekannt gemacht.
- Das Gericht ermittelt das sogenannte geringste Gebot. Das ist der Betrag, den ein Bieter mindestens bieten muss, damit sein Angebot überhaupt angenommen wird.
- Im Versteigerungstermin werden Gebote von Interessenten abgegeben. Dabei haben alle Miterben die gleichen Rechte wie jeder andere Bieter auch. Sie können im Versteigerungstermin selbst ein Gebot abgeben und versuchen, mit dem höchsten Gebot den Zuschlag zu erreichen und die Immobilie zum alleinigen Eigentum zu erwerben.
- Die Entscheidung über den Zuschlag ergeht nach Anhörung aller Beteiligten durch Beschluss. Er ist dem Meistbietenden zu erteilen, wenn das geringste Angebot erreicht ist. Mit der Zuschlagverteilung wird der Ersteher Eigentümer des Grundstücks.
- Nach Abzug der Verfahrenskosten wird der Versteigerungserlös unter den Miterben aufgeteilt.

ACHTUNG

Eine Teilungsversteigerung sollte das letzte Mittel sein, wenn sich Miterben über die Verwendung einer Immobilie im Nachlass nicht einig sind. Sie führt oft dazu, dass die Immobilie unter Wert verkauft wird, da der Erlös meist niedriger ist als bei einem freihändigen Verkauf. Zudem kann sich das Verfahren über Monate oder sogar Jahre hinziehen, was für alle Beteiligten belastend sein kann. Die Miterben haben keine Kontrolle über den Verkaufsprozess, da dieser vom Gericht abgewickelt wird. Und es fallen erhebliche Kosten an, die den Versteigerungserlös schmälern. Eine bessere Alternative zur Teilungsversteigerung kann für den Miterben der Verkauf seines Erbteils sein.

ERBSCHAFTS-
STEUER
ERBSCHAFTS-
STEUER

Steuerliche Fragen bei einer Immobilie im Nachlass

Wer eine Immobilie erbt, muss, wie für andere Gegenstände des Nachlasses auch, grundsätzlich Erbschaftsteuer zahlen. Unter Umständen muss der Erbe oder die Erbin allerdings bei der Übertragung eines selbst genutzten Familienheims keine Steuern zahlen. Zudem bestehen für den länger lebenden Ehepartner und nahe Verwandte des Erblassers relativ hohe steuerliche Freibeträge.

Das Steuerrecht ist sehr komplex. Im Folgenden erfahren Sie die wichtigsten Regelungen. Bei Detailfragen kann es sinnvoll sein, sich von einem Steuerbüro beraten zu lassen.

Steuerpflichtige Zuwendungen von Todes wegen

Folgende Zuwendungen von Todes wegen sind erbschaftsteuerpflichtig:

- → eine Erbschaft,
- → ein Vermächtnis,
- → ein geltend gemachter Pflichtteilsanspruch,

- ein Nachlass in Vor- und Nacherbfolge (hier sind sowohl der Vor- als auch der Nacherbe steuerpflichtig, die Vor- und Nacherbschaft wird also doppelt besteuert),
- eine vom Erblasser angeordnete vollzogene Auflage,
- eine Abfindung für die Ausschlagung einer Erbschaft oder eines Vermächtnisses.

Wie bereits beschrieben, kann, wenn Eheleute im gesetzlichen Güterstand der Zugewinngemeinschaft gelebt haben, der Zugewinn entweder nach der erbrechtlichen oder nach der güterrechtlichen Lösung durchgeführt werden.

- Bei der erbrechtlichen Lösung, die angewendet wird, wenn der länger lebende Ehepartner Erbe geworden ist, erhält er neben seinem gesetzlichen Erbteil einen pauschalen Zugewinnausgleich in Höhe eines Viertels seines Erbteils.
- Bei der güterrechtlichen Lösung, die durchzuführen ist, wenn der länger lebende Ehepartner nicht Erbe geworden ist (weil er zum Beispiel nicht bedacht wurde oder die Erbschaft ausgeschlagen hat), wird der Zugewinn-
ausgleich konkret aus der Differenz des Anfangsvermögens bei Beginn der Ehe und des Endvermögens zum Zeitpunkt des Todes des Ehepartners berechnet.

Wird der Zugewinnausgleich nach der güterrechtlichen Lösung berechnet, unterliegt er nicht der Erbschaftsteuer. Er wirkt damit zusätzlich wie ein Freibetrag, was insbesondere bei einem größeren Vermögen als steuerliches Gestaltungsmodell erhebliche Bedeutung hat, weil keine gesetzliche Grenze für den steuerlich freigestellten Zugewinnausgleich besteht.

ACHTUNG

Um zu vermeiden, dass die Erbschaftsteuer durch Vermögensübertragungen zu Lebzeiten des Erblassers oder der Erblasserin umgangen oder geschmälert wird, werden grundsätzlich auch Schenkungen zu Lebzeiten besteuert. Steuerfrei ist allerdings unter Umständen die Übertragung des Eigentums oder von Miteigentum des Familienheims an den Ehepartner zu Lebzeiten.

Steuerbefreiungen für Immobilien im Nachlass

Erhalten Sie bestimmte Nachlassgegenstände durch gesetzliche Erbfolge oder durch eine Verfügung von Todes wegen, ist dies unter bestimmten Voraussetzungen steuerfrei. Das gilt insbesondere für die Übertragung eines Familienheims an Sie. Ein Familienheim im Sinne des Schenkung- und Erbschaftsteuerrechts ist eine Immobilie, die der Erblasser oder die Erblasserin bis zum Tod zu eigenen Wohnzwecken genutzt hat oder aus zwingenden Gründen nicht selbst nutzen konnte (zum Beispiel, weil er oder sie in einem Pflegeheim untergebracht war), und die von Ihnen als Erbe oder Erbin nach Eintritt des Erbfalls unverzüglich zur Selbstnutzung zu eigenen Wohnzwecken bestimmt wurde. Es handelt sich dabei um ein bebautes Grundstück, auf dem sich eine Wohnung befindet, die der Lebensmittelpunkt Ihrer Familie ist. Ist die Übertragung der Immobilie auf Sie steuerfrei, wird deren Wert nicht auf Ihren persönlichen Steuerfreibetrag angerechnet.

→ TIPP

Bereits zu Lebzeiten kann ein selbst genutztes Familienheim steuerfrei von einem auf den anderen Ehepartner übertragen werden. Die Übertragung des Allein- oder Miteigentums oder der Kauf oder die Herstellung des Familienheims aus Mitteln eines Ehepartners ist steuerfrei, wenn dem anderen die Stellung eines Miteigentümers eingeräumt wird. Entsprechendes gilt, wenn ein Partner ein Finanzierungsdarlehen aus Mitteln des anderen tilgt und das Darlehen von einem oder beiden aufgenommen worden ist.

Neben der Steuerbefreiung für das Familienheim im Nachlass bestehen noch andere steuerliche Vergünstigungen. So wird insbesondere abhängig von ihrer Steuerklasse Personen ein Freibetrag für Hausrat und für andere bewegliche körperliche Gegenstände (zum Beispiel Pkw oder Schmuck) gewährt. Steuerfrei bleiben Hausrat (zum Beispiel Wohnungseinrichtung, Fernseher) einschließlich Wäsche und Kleidungsstücke bis zum Wert von insgesamt 41.000 Euro, wenn der Erbe oder die Erbin dieser Gegenstände Steuerklasse 1 hat. 12.000 Euro beträgt für diese Person der Freibetrag für andere bewegliche körperliche Gegenstände (zum Beispiel Auto). Für Personen der Steuerklasse 2 und 3 beträgt der Freibetrag für Hausrat einschließlich Wäsche und Kleidungsstücke und andere bewegliche körperliche Gegenstände insgesamt 12.000 Euro.

Zuwendungen, die als angemessenes Entgelt dafür anzusehen sind, dass der Erbe oder die Erbin den Erblasser oder Schenker unentgeltlich gepflegt oder Unterhalt geleistet hat, bleiben bis zu einem Freibetrag von 20.000 Euro von der Steuer freigestellt. Die Steuerbefreiung gilt für Erwerbe von Todes wegen und für Schenkungen unter Lebenden. Die Steuerbefreiung besteht nicht, wenn eine gesetzliche Pflicht zur Pflege besteht (zum Beispiel gegenüber dem Ehepartner oder Kindern).

> GUT ZU WISSEN
>
> **Erwerb von Todes wegen**
>
> Erwerbe von Todes wegen, die der Erbschaftsteuerpflicht unterliegen, sind insbesondere eine Erbschaft, Zuwendungen durch ein Vermächtnis oder der Erwerb durch einen geltend gemachten Pflichtteilsanspruch.

Steuerbefreiung für den Erwerb des Familienheims durch den länger lebenden Ehepartner

Der Erwerb eines Familienheims von Todes wegen durch den länger lebenden Ehepartner ist von der Erbschaftsteuer befreit, wenn folgende Voraussetzungen vorliegen:

- → Der Erblasser oder die Erblasserin muss die Wohnung bis zum Tod selbst zu Wohnzwecken als Familienheim genutzt haben, es sei denn, er oder sie war aus objektiv zwingenden Gründen an einer Selbstnutzung gehindert. Das ist beispielsweise der Fall, wenn die Person so pflegebedürftig ist, dass sie den eigenen Haushalt nicht mehr führen kann.
- → Der länger lebende Ehepartner muss die Wohnung unverzüglich nach dem Erwerb weiter zu Wohnzwecken benutzen.
- → Wenn der länger lebende Ehepartner das Familienheim komplett steuerfrei erben will, muss er es zehn Jahre lang selbst bewohnen; die Immobilie darf also nicht vermietet werden. Zieht er früher aus, muss der Ehepartner die Steuer nachzahlen, es sei denn, er ist aus zwingenden Gründen an der Eigennutzung gehindert (zum Beispiel bei einer Unterbringung im Pflegeheim aus gesundheitlichen Gründen).

Die Steuerbefreiung gilt allerdings nicht, wenn der länger lebende Ehepartner das begünstigte Familienheim aufgrund einer testamentarischen Verfügung des Erblassers an einen Dritten übertragen muss, wenn also beispielsweise ein Vermächtnis angeordnet wurde. Entsprechendes gilt, wenn der Erbe oder die Erbin im Rahmen der Nachlassteilung das begünstigte Vermögen auf einen Miterben überträgt.

Steuerbefreiung des Erwerbs des selbst genutzten Familienheims von Todes wegen durch Kinder

Steuerlich begünstigt ist auch der Erwerb eines Familienheims von Todes wegen durch Kinder und Kinder vorverstorbener Kinder. Begünstigt sind nicht nur leibliche Kinder, sondern auch Adoptiv- und Stiefkinder. Der Erwerb durch Enkel ist begünstigt, wenn die Kinder des Erblassers oder der Erblasserin vorverstorben sind.

Auch die Kinder sind nur dann von der Erbschaftsteuer befreit, wenn der Erblasser die Wohnung bis zu seinem Tod selbst zu Wohnzwecken als Familienheim genutzt hat oder er aus objektiv zwingenden Gründen an einer Selbstnutzung gehindert war, und die Kinder die Wohnung unverzüglich nach dem Erwerb weiter zu Wohnzwecken benutzen. Den Kindern wird eine Karenzzeit von sechs Monaten für die Entscheidung, ob sie die Immobilie selbst nutzen wollen, und den Einzug eingeräumt.

Die Steuerbefreiung gilt nur, wenn die Wohnfläche 200 Quadratmeter nicht übersteigt. Bei einer Überschreitung dieser Grenze wird der Freibetrag anteilig entsprechend der Wohnfläche gewährt.

> **BEISPIEL**
>
> Der Verkehrswert des Einfamilienhauses mit 300 Quadratmeter Wohnfläche beträgt 900.000 Euro. Die steuerlich begünstigte Fläche von 200 Quadratmetern entspricht zwei Dritteln des Grundstückswerts. Somit werden 600.000 Euro (2/3 von 900.000 Euro) steuerfrei gestellt.

Wenn Kinder des Erblassers oder der Erblasserin das Familienheim komplett steuerfrei erben wollen, müssen sie es zehn Jahre lang selbst bewohnen; es darf also nicht vermietet werden. Bei einem früheren Auszug müssen sie die Steuer nachzahlen, es sei denn, der Erbe oder die Erbin ist aus zwingenden Gründen an der Eigennutzung gehindert (zum Beispiel, wenn er oder sie aus gesundheitlichen Gründen im Pflegeheim untergebracht werden muss).

Wie beim länger lebenden Ehepartner gilt auch beim Kind: Die Steuerbefreiung gilt nicht, wenn das Kind das begünstigte Familienheim aufgrund einer testamentarischen Verfügung des Erblassers an einen Dritten übertragen muss, wenn also beispielsweise ein Vermächtnis angeordnet wurde. Entsprechendes gilt, wenn der Erbe oder die Erbin im Rahmen der Nachlassteilung das begünstigte Vermögen auf einen Miterben überträgt.

Steuerbefreiung für Wohnimmobilien

Zu Wohnzwecken vermietete Immobilien werden nur mit 90 Prozent des Steuerwerts bei der Erbschaftsteuer angesetzt (Verschonungsabschlag von 10 Prozent). Ist zum Besteuerungszeitpunkt die Immobilie nicht vermietet, zum Beispiel, weil sie wegen Mieterwechsels leer steht oder gerade modernisiert wird, kann Steuerbefreiung in Anspruch genommen werden, wenn die Immobilie oder ein Teil davon weiterhin zur Vermietung bestimmt ist. Steht die Wohnung dauerhaft leer oder ist das Wohngebäude noch nicht bezugsfertig, entfällt die Steuervergünstigung.

Bewertung von Immobilien im Nachlass

Soweit die Übertragung einer Immobilie im Nachlass nicht steuerbefreit ist, unterliegt sie der Erbschaftsteuer. Für die Berechnung der Steuerschuld ist der Wert des Nachlassvermögens maßgebend, wobei die Nachlassverbindlichkeiten abzuziehen sind. Maßgebend ist letztlich die sogenannte Bereicherung des oder der Begünstigten. Dazu müssen diese Vermögenswerte (Aktiva und Passiva) in einem Geldbetrag ausgewiesen werden, damit die Steuerschuld durch Anwendung des maßgebenden Steuersatzes ermittelt werden kann. Bei einer Immobilie im Nachlass ist deshalb deren Bewertung in Geld erforderlich. Einzelheiten enthält das Bewertungsgesetz.

Für den Wert einer Immobilie im Nachlass ist der gemeine Wert zu ermitteln. Das ist der Preis, der bei einer Veräußerung im gewöhnlichen Geschäftsverkehr für ein Wirtschaftsgut erzielt werden könnte. Der gemeine Wert wird oft auch als Verkehrs- oder Marktwert bezeichnet.

Der gemeine Wert unbebauter Grundstücke bestimmt sich regelmäßig nach ihrer Fläche und den Bodenrichtwerten. Bei bebauten Grundstücken wird der gemeine Wert durch das Vergleichs-, Ertrags- oder Sachwertverfahren ermittelt.

Bewertung unbebauter Grundstücke

Der Wert unbebauter Grundstücke wird mithilfe des Bodenrichtwerts ermittelt. Bei den Bodenrichtwerten handelt es sich um durchschnittliche Lagewerte, die von den Gutachterausschüssen der Städte und Gemeinden aufgrund der Kaufpreissammlung flächendeckend unter Berücksichtigung des unterschiedlichen Entwicklungszustands (zum Beispiel Flächen für Landwirtschaft, Bauerwartungsland, baureifes Land) ermittelt und den Finanzämtern mitgeteilt werden.

Der Bodenrichtwert wird mit der Fläche des Grundstücks multipliziert. Daraus ergibt sich der Verkehrswert des unbebauten Grundstücks, der der Berechnung der Erbschaftsteuer zugrunde zu legen ist.

Bewertung bebauter Grundstücke

Ein bebautes Grundstück setzt voraus, dass sich auf dem Grundstück Gebäude befinden, die benutzbar sind. Für die Bewertung bebauter Grundstücke sind je nach Gebäudeart gesetzlich verschiedene Bewertungsmethoden für die Ermittlung des Verkehrswerts vorgeschrieben.

Die verschiedenen Bewertungsverfahren sind recht kompliziert. Die nachfolgenden Ausführungen beschränken sich deshalb auf die jeweiligen Grundsätze für die Ermittlung des gemeinen Werts eines bebauten Grundstücks.

Vergleichswertverfahren: Beim Vergleichswertverfahren wird der Verkehrswert aus tatsächlich erzielten Kaufpreisen von Vergleichsgrundstücken abgeleitet. Es werden die Kaufpreise von Immobilien herangezogen, die hinsichtlich der ihren Wert beeinflussenden Merkmale (Lage, Art und Maß der baulichen Nutzung, Grundstücksgröße, Erschließungszustand, Alter des Gebäudes) mit der zu bewertenden Immobilie hinreichend übereinstimmen. Grundlage sind vorrangig die dem Finanzamt von den Gutachterausschüssen mitgeteilten Vergleichspreise. Liegen mehrere Vergleichspreise vor, wird der Durchschnittswert angesetzt.

GRUNDSTÜCKSARTEN	BEWERTUNGSVERFAHREN
Ein- und Zweifamilienhäuser, Eigentumswohnungen	Vergleichswertverfahren
Mietwohngrundstücke, Geschäftsgrundstücke und gemischt genutzte Grundstücke, wenn sich eine übliche Miete ermitteln lässt	Ertragswertverfahren
Ein- und Zweifamilienhäuser und Eigentumswohnungen, soweit kein Vergleichswert vorliegt, sowie Geschäftsimmobilien und gemischt genutzte Immobilien, wenn sich keine übliche Miete ermitteln lässt	Sachwertverfahren

Ertragswertverfahren: Beim Ertragswertverfahren wird der Verkehrswert des bebauten Grundstücks aus der Summe des Bodenwerts und des Gebäudeertragswerts gebildet. Als Bodenwert ist der Wert des Grund und Bodens anzusetzen. Dieser ist wie bei der Bewertung unbebauter Grundstücke zu ermitteln (siehe oben). Ausgangswert für die Ermittlung des Gebäudeertragswerts ist der Rohertrag des Mietshauses. Dieser ergibt sich aus den Jahresmieten, die zur Zeit des Erbfalls nach den abgeschlossenen Mietverträgen zu zahlen sind. Vom Rohertrag sind die Bewirtschaftungskosten abzuziehen. Diese setzen sich aus den Verwaltungskosten, den nicht umlagefähigen und deshalb nicht von den Mietern erstatteten Betriebskosten, den Instandhaltungskosten und dem Mietausfallwagnis zusammen. Vom somit ermittelten Reinertrag ist noch eine angemessene Verzinsung des Bodenwerts abzuziehen. Daraus ergibt sich dann der Gebäudereinertrag, bezogen auf einen Zeitraum von einem Jahr. Der Verkehrswert des Gebäudes ergibt sich dann aus einem sich aus einer Anlage des Bewertungsgesetzes ergebenden Vervielfältiger, der sich nach dem Liegenschaftszins und der Restnutzungsdauer des Gebäudes bestimmt.

Sachwertverfahren: Beim Sachwertverfahren ist bei der Bewertung der Wert des Gebäudes getrennt vom Bodenwert zu ermitteln. Der Bodenwert des zu bewertenden Grundstücks wird nach den Regeln der Bewertung für unbebaute Grundstücke ermittelt (siehe oben). Der Gebäudesachwert wird anhand der Regelherstellungskosten und nicht nach der erzielbaren Rendite ermittelt. Die Regelherstellungskosten, die anhand einer Anlage zum Bewertungsgesetz zu ermitteln sind, sind die durchschnittlichen Herstellungskosten je Flächeneinheit und abhängig von der Grundstücksart, der Gebäudeklasse (zum Beispiel mit oder ohne Keller, Gebäudenutzung), dem Baujahr und dem Ausstattungsstandard (einfach, mittel, gehoben). Die Werte beziehen sich auf die Bruttogrundfläche des Gebäudes. Die Herstellungskosten sind mit der Bruttogrundfläche zu multiplizieren; daraus ergibt sich der Gebäuderegelherstellungswert. Dieser ist um eine Altersminderung zu kürzen. Gebäudesachwert und Bodenwert werden addiert und multipliziert mit einer Wertzahl, die vom Gutachterausschuss vorgegeben oder aus einer Anlage zum Bewertungsgesetz entnommen wird. Das Ergebnis ist der Verkehrswert nach dem Sachwertverfahren.

→ TIPP

Die erbschaftsteuerliche Bewertung von Immobilien ist kompliziert. Ziehen Sie deshalb eine fachkundige Steuerberatung hinzu, die den Erbschaftsteuerbescheid überprüft.

Berechnung der Steuer

Bemessungsgrundlage für die Erbschaftsteuer ist die Bereicherung des Erwerbers oder der Erwerberin. Diese ergibt sich, wie erwähnt, aus der Differenz zwischen dem angefallenen Vermögen und den Nachlassverbindlichkeiten. Davon sind die Freibeträge abzuziehen. Auf die sich darauf ergebende Bemessungsgrundlage ist die Steuerschuld durch Anwendung des Steuersatzes zu berechnen. Der Steuersatz ist je nach Steuerklasse des Erben oder der Erbin unterschiedlich.

Steuerpflichtiger Erwerb

Der steuerpflichtige Erwerb ergibt sich aus der Bereicherung des Erwerbers abzüglich der ihm zustehenden Freibeträge.

Von dem Vermögen (Nachlass), das durch die Erbschaft angefallen ist, sind die Nachlassverbindlichkeiten abzuziehen. Abzugsfähig sind die Erblasserschulden, die Erbfallschulden und die sonstigen Nachlassverbindlichkeiten.

→ Zu den **Erblasserschulden** gehören unter anderem der Zugewinnausgleich des länger lebenden Ehepartners, der nicht Erbe oder Vermächtnisnehmer ist, Kaufpreis-, Unterhalts- und Steuerschulden des Erblassers.
→ **Erbfallschulden** sind Schulden, die im Zusammenhang mit dem Erbfall entstehen, zum Beispiel Verbindlichkeiten aus Vermächtnissen, Auflagen und geltend gemachten Pflichtteilen.
→ Zu den **sonstigen Nachlassverbindlichkeiten** gehören Bestattungskosten, Kosten für eine angemessene Grabstätte und für die übliche Grabpflege.

Von der Bereicherung des Erwerbers sind die allgemeinen und besonderen Freibeträge abzuziehen. Vom Erwerber ist nur der Betrag zu versteuern, der nach Abzug des Freibetrags verbleibt.

Für Erwerbe von Todes wegen und für Schenkungen unter Lebenden bestehen persönliche Freibeträge, die den steuerpflichtigen Erwerb reduzieren. Die Freibeträge (und auch die Steuersätze, siehe unten) richten sich danach, wie nah der Erbe dem Erblasser oder Beschenkte dem Schenker stand. Nach ihrem persönlichen Verhältnis zum Erblasser oder zum Beschenkten werden der Ehepartner und die Verwandten in drei Steuerklassen eingeteilt.

Zur Steuerklasse 1 gehören:

- der Ehepartner und der eingetragene Lebenspartner,
- eheliche und nicht eheliche Kinder, Adoptivkinder und Stiefkinder (nicht Pflegekinder),
- Abkömmlinge der Kinder und Stiefkinder (Enkel, Urenkel usw.),
- Eltern, Großeltern und weitere Voreltern bei Erwerben von Todes wegen (nicht bei einer Schenkung).

Zur Steuerklasse 2 zählen:

- Eltern und Großeltern, wenn sie Empfänger einer Schenkung sind,
- Geschwister (auch Halbgeschwister und alle Stiefgeschwister),
- Nichten und Neffen,
- Stiefeltern,
- Schwiegerkinder und die Schwiegereltern,
- der geschiedene Ehepartner.

Zur Steuerklasse 3 gehören alle entfernteren Verwandten (Cousins, Cousinen, Großnichten, Großneffen), beliebige Dritte (zum Beispiel Freunde und Bekannte), ferner alle Personen- und Kapitalgesellschaften, wenn sie persönlich – und nicht die dahinterstehenden Gesellschafter – als Erwerber anzusehen sind.

Die folgende Tabelle zeigt, welche Freibeträge bei der Ermittlung des steuerpflichtigen Erwerbs vom Finanzamt berücksichtigt werden.

PERSONEN	FREIBETRAG
Ehepartner und eingetragene Lebenspartner	500.000 Euro
eheliche und nicht eheliche Kinder, Adoptivkinder und Stiefkinder sowie Kinder von bereits verstorbenen Kindern	400.000 Euro
Enkel, Urenkel usw.	200.000 Euro
Eltern, Großeltern usw. bei Erwerb von Todes wegen	100.000 Euro
Eltern, Großeltern usw. bei Schenkungen; Geschwister, Neffen und Nichten, Stiefeltern, Schwiegereltern und -kinder, geschiedener Ehepartner	20.000 Euro
übrige Personen der Steuerklasse 3 (zum Beispiel Partner einer nicht ehelichen Lebensgemeinschaft)	20.000 Euro

Allgemeine Freibeträge bei der Besteuerung eines Erwerbs von Todes wegen und bei einer Schenkung

BEISPIEL

Erbt der länger lebende Ehepartner ein Vermögen von 400.000 Euro, kann er am Fiskus vorbeikommen, ohne einen Euro zu bezahlen, denn der persönliche Freibetrag beläuft sich auf 500.000 Euro. Einer langjährigen Lebensgefährtin steht dagegen nur ein Freibetrag von 20.000 Euro zu. Sie muss für den überschießenden Betrag Erbschaftsteuer zahlen.

Mehrere Erwerbe von derselben Person innerhalb der letzten zehn Jahre werden zusammengerechnet. Folglich können die persönlichen Freibeträge alle zehn Jahre bei Zuwendungen von derselben Person erneut in Anspruch genommen werden.

Die persönlichen Steuerfreibeträge gelten für den einzelnen steuerpflichtigen Erwerb. Ein Kind steht also gegenüber jedem Elternteil der persönliche Freibetrag zu.

BEISPIEL

Michael Jäger hat im Frühjahr 2014 seinem Sohn Felix per Schenkung eine Eigentumswohnung im Wert von 380.000 Euro überlassen. Da der Wert unterhalb der Freibetragsgrenze von 400.000 Euro lag, musste Felix keine Schenkungsteuer zahlen. Als Michael Jäger im Sommer 2025 stirbt, erbt Felix einen Bauplatz im Wert von 260.000 Euro. Weil die Schenkung mehr als zehn Jahre zurückliegt, kann Felix erneut den vollen Freibetrag in Höhe von 400.000 Euro geltend machen. Deshalb ist er auch für den nun geerbten Bauplatz von der Erbschaftsteuer befreit.

BEISPIEL

Katja Schubert erbt im Jahr 2022 von ihrer Mutter einen Nachlass im Wert von 290.000 Euro. Zwei Jahre später verstirbt auch ihr Vater. Katja ist Alleinerbin; der Nachlass ihres Vaters hat einen Wert von 350.000 Euro. Katja kann für beide Erbfälle den vollen Freibetrag von 400.000 Euro in Anspruch nehmen und zahlt deswegen für beide Erbschaften keine Erbschaftsteuer.

Steuersatz

Die Erbschaftsteuer wird nach folgenden Prozentsätzen erhoben:

WERT DES STEUERPFLICHTIGEN ERWERBS BIS EINSCHLIESSLICH	PROZENTSATZ IN DER STEUERKLASSE 1	PROZENTSATZ IN DER STEUERKLASSE 2	PROZENTSATZ IN DER STEUERKLASSE 3
75.000 Euro	7	15	30
300.000 Euro	11	20	30
600.000 Euro	15	25	30
6.000.000 Euro	19	30	30
13.000.000 Euro	23	35	50
26.000.000 Euro	27	40	50
über 26.000.000 Euro	30	43	50

Wird eine bestimmte Wertgrenze (zum Beispiel 75.000 Euro) überschritten, so wird der ganze Erwerb nach dem hierfür maßgebenden Prozentsatz besteuert.

BEISPIEL

Ein Kind erbt 350.000 Euro. Weil der allgemeine Freibetrag bereits 400.000 Euro ausmacht, fällt keine Erbschaftsteuer an.
Die nicht eheliche Lebenspartnerin des Erblassers erbt 100.000 Euro. Der allgemeine Freibetrag beträgt 20.000 Euro und der Steuersatz 30 Prozent. Sie muss also 24.000 Euro Erbschaftsteuer (30 Prozent auf 80.000 Euro) zahlen.

Exkurs: Übertragung der Immobilie durch vorweggenommene Erbfolge

Eine Immobilie kann vom Eigentümer oder von der Eigentümerin auch bereits zu Lebzeiten im Wege der sogenannten vorweggenommenen Erbfolge an Personen übertragen werden, die diese erst nach seinem oder ihrem Tod erben würden.

Die Übereignung zu Lebzeiten erfolgt im Vorgriff auf die künftige Erbfolge. In der Regel wird die Immobilie im Wege einer Schenkung übertragen.

Es gibt viele gute Gründe dafür, sich bereits zu Lebzeiten von Vermögensteilen, insbesondere auch vom selbst genutzten Einfamilienhaus oder von der Eigentumswohnung, zu trennen und eine Immobilie auf die künftigen Erben – in der Regel aus dem Kreis der gesetzlichen Erben – im Wege der vorweggenommenen Erbfolge zu übertragen. Die Vor- und Nachteile einer solchen lebzeitigen Vermögensübertragung sollten Sie sorgfältig gegeneinander abwägen.

Motive für die Vermögensübertragung zu Lebzeiten

Für die Übereignung einer Immobilie im Wege der vorweggenommenen Erbfolge sprechen vor allem folgende Gründe:

- → Das Vermögen wird auf die Nachfolgegeneration zu einem Zeitpunkt übertragen, zu dem sie es benötigt, zum Beispiel in der Phase der Familiengründung.
- → Der Eigentümer oder die Eigentümerin möchte sich von den Belastungen, die die Verwaltung und die Unterhaltung der Immobilie mit sich bringen, insbesondere auch von Kosten der Instandhaltung und Instandsetzung, befreien.
- → Der für Renovierungsarbeiten der Immobilie notwendige Kreditbedarf kann vom Eigentümer oder von der Eigentümerin nicht gedeckt werden.
- → Der Eigentümer oder die Eigentümerin hat den Wunsch, bereits zu Lebzeiten den künftigen Nachlass einvernehmlich zu regeln.
- → Bei größerem Vermögen besteht die Möglichkeit, Steuerfreibeträge bei der Schenkungsteuer besser auszunutzen und die nachfolgende Generation damit steuerlich zu entlasten.
- → Durch die Übertragung von Vermögenswerten zu Lebzeiten können Pflichtteilsansprüche oder Pflichtteilsergänzungsansprüche bei geschickter Gestaltung minimiert werden.
- → Regressansprüche des Sozialhilfeträgers (zum Beispiel bei einer Unterbringung im Pflegeheim) werden vermieden, weil Schenkungen nach zehn Jahren nicht mehr zurückgefordert werden können.

Den Vorteilen der vorweggenommenen Erbfolge stehen folgende Nachteile gegenüber:

- → Gegen die Übertragung einer Immobilie zu Lebzeiten durch vorweggenommene Erbfolge spricht insbesondere, dass der Eigentümer sein Vermögen und das Verfügungsrecht darüber verliert, und zwar auch dann, wenn er sich die weitere Nutzung vorbehält (zum Beispiel durch ein Nießbrauchrecht) oder sich bei der Übertragung Gegenleistungen zusichern lässt.
- → Eine Vermögensübertragung zu Lebzeiten verlangt vom Eigentümer eine Prognose seiner künftigen Lebensumstände. Damit trägt er das Risiko finanzieller Schwierigkeiten, wenn sich seine wirtschaftlichen Verhältnisse in Zukunft schlechter entwickeln als erwartet.

→ Wenn eine Immobilie im Rahmen einer vorweggenommenen Erbfolge zu Lebzeiten an die künftigen Erben übertragen wird, verursacht dies meist höhere Kosten (insbesondere Notar- und Grundbuchkosten) als die Vermögensübertragung im Wege der Erbfolge.

→ **TIPP**
Ob Sie bereits zu Lebzeiten Teile Ihres Vermögens auf die künftigen Erben übertragen, ist allein Ihre persönliche Entscheidung. Maßgebend hierfür sollte immer Ihre familiäre und individuelle Lebenssituation sein. Deshalb ist es wichtig, dass trotz Vermögensübergabe Ihre wirtschaftliche Versorgung immer gewährleistet ist. Lassen Sie sich hierzu rechtlich und/oder steuerlich beraten.

Übertragung der Immobilie durch Schenkung

Die Übertragung einer Immobilie im Wege der vorweggenommenen Erbfolge erfolgt meistens durch eine Schenkung. Darunter ist eine unentgeltliche Zuwendung des Schenkers oder der Schenkerin an die beschenkte Person zu verstehen. Der Übergabevertrag im Rahmen der vorweggenommenen Erbfolge ist allerdings regelmäßig kein reiner Schenkungsvertrag, weil häufig auch Gegenleistungen vereinbart werden.

Form der Schenkung

Die Übertragung einer Immobilie in Form eines vertraglichen Schenkungsversprechens bedarf zu ihrer Wirksamkeit der notariellen Beurkundung. Der Notar berät und belehrt die Beteiligten über die rechtlichen Folgen der Vereinbarung. Er fertigt eine Niederschrift der Vereinbarung an. Diese wird den Beteiligten vorgelesen und von ihnen genehmigt. Nach Unterzeichnung der Urkunde durch die Beteiligten und den Notar erstellt der Notar für die Beteiligten Ausfertigungen der Urkunde.

Für Übereignung einer Immobilie ist noch die Einigung zwischen dem Schenker und dem Beschenkten über den Eigentumsübergang (sogenannte Auflassung) erforderlich, die vor dem Notar erklärt werden muss. Außerdem muss der Eigentumswechsel ins Grundbuch eingetragen werden.

Haftung der Schenkerin oder des Schenkers

Grundsätzlich haftet die Schenkerin oder der Schenker für Mängel des geschenkten Gegenstands und kann von der beschenkten Person haftbar gemacht werden. Allerdings ist die Haftung gesetzlich in mehrfacher Hinsicht gemildert:

- → Der Schenker oder die Schenkerin haftet grundsätzlich nur für Vorsatz und grobe Fahrlässigkeit. Grob fahrlässig würde er oder sie handeln, wenn er oder sie nicht beachtet, was im konkreten Fall jedermann einleuchten musste.
- → Für Rechtsmängel (zum Beispiel bei dem fehlenden Hinweis, dass die Immobilie mit einem Wegerecht oder einem Nießbrauchrecht belastet ist), haftet der Schenker oder die Schenkerin nur, wenn er oder sie den Mangel gekannt und arglistig verschwiegen hat.

Rückforderung der Schenkung wegen Notbedarfs

Wenn der Schenker oder die Schenkerin nach der vollzogenen Schenkung nicht in der Lage ist, den eigenen Unterhalt angemessen zu bestreiten oder eine Unterhaltspflicht gegenüber Verwandten oder dem (früheren) Ehe- oder Lebenspartner zu erfüllen hat, kann er oder sie die Schenkung zurückfordern. Die beschenkte Person kann die Herausgabe allerdings abwenden, indem sie den für den Unterhalt erforderlichen Betrag zahlt. Die Rückforderung ist ausgeschlossen, wenn der Schenker seine Bedürftigkeit vorsätzlich oder durch grobe Fahrlässigkeit herbeigeführt hat oder wenn zu dem Zeitpunkt, in dem die Bedürftigkeit eintritt, seit der Schenkung zehn Jahre verstrichen sind. Der Notbedarf muss also vor Ablauf der Zehnjahresfrist eingetreten sein.

Widerruf der Schenkung wegen groben Undanks

Der Schenker kann sich durch Widerruf von der Schenkung lösen, wenn sich die beschenkte Person durch eine schwere Verfehlung gegen ihn oder einen seiner nahen Angehörigen „groben Undanks“ schuldig gemacht hat. Im Fall des Widerrufs kann er die Herausgabe der Schenkung verlangen. Ausgeschlossen ist der Widerruf, wenn der Schenker der beschenkten Person verziehen hat oder wenn seit dem Zeitpunkt, in dem der Schenker von der Verfehlung Kenntnis erlangt hat, ein Jahr verstrichen ist.

BEISPIEL

Der Widerruf einer Schenkung wegen groben Undanks kann gerechtfertigt sein, wenn die beschenkte Person den Schenker oder die Schenkerin körperlich misshandelt, bei einer grundlosen Strafanzeige, bei schweren Beleidigungen oder bei einem grundlosen Antrag auf Bestellung eines Betreuers. Grober Undank liegt auch vor, wenn der beschenkte Sohn die Vorsorgevollmacht seiner Mutter dazu nutzt, um sie dauerhaft – ohne ihren anderslautenden Willen angemessen zu berücksichtigen – in einem Pflegeheim unterzubringen.

→ **TIPP**

Mit einer Grundstücksschenkung verlieren Sie als Schenkerin oder Schenker das Eigentum an Ihrer Immobilie. Eine Rückforderung oder ein Widerruf kommt nur in wenigen Ausnahmefällen in Betracht. Deshalb kann es sinnvoll sein, dass Sie sich im Übergabevertrag vertragliche Rückforderungsrechte vorbehalten.

Rückforderung der Schenkung durch das Sozialamt

Leistungen der Sozialhilfe und der Grundsicherung erhalten nur Personen, die sich nicht selbst helfen können. Es handelt sich um nachrangige Leistungen, das heißt, sie werden üblicherweise nur dann erbracht, wenn alle anderen Möglichkeiten ausgeschöpft sind. Bevor Leistungen gewährt werden, muss der oder die Betroffene versuchen, alle sonstigen Ansprüche, die ihm oder ihr gegebenenfalls zustehen, zu realisieren. In diesem Zusammenhang müssen auch Ansprüche gegenüber anderen Personen geltend gemacht werden. Das Sozialamt oder ein anderer Hilfeträger darf deshalb auch auf Vermögen zurückgreifen, das der Hilfeempfänger oder die Hilfeempfängerin bereits auf Dritte übertragen hat, oder der Hilfeträger kann auf gesetzliche Ansprüche der hilfebedürftigen Person gegen Dritte zurückgreifen. Der Hilfeträger richtet sich mit seiner Rückforderung also insbesondere gegen den Beschenkten oder die Beschenkte und den Schuldner oder die Schuldnerin von Versorgungsansprüchen wie beispielsweise Unterhaltsansprüchen der hilfebedürftigen Person gegenüber ihren Kindern.

Der Träger der Sozialhilfe oder der Leistungen der Grundsicherung kann Ansprüche des Hilfeempfängers gegen Dritte auf sich überleiten. Es kommen sowohl gesetzliche Ansprüche als auch Ansprüche, die sich aus einem Vertrag ergeben, in Betracht.

In der Praxis sind Rückforderungsansprüche zur Deckung des Notbedarfs eines verarmten Schenkers nicht selten, zum Beispiel, wenn eine pflegebedürftige Person die Heimkosten nicht selbst finanzieren kann. Damit soll der Schenker wieder in die Lage versetzt werden, seinen Unterhalt selbst zu bestreiten. Soweit der Hilfeträger diesen Notbedarf deckt, kann er den Anspruch auf Rückforderung der Schenkung auf sich überleiten. Damit wird der Hilfeträger Inhaber des Anspruchs. Der Anspruch auf Rückforderung der Schenkung richtet sich gegen den Beschenkten, nach seinem Tod gegen die Erben. Wenn im Rahmen einer Immobilienschenkung Geschwister Abfindungs- und Ausgleichszahlungen vom Schenker erhalten haben, haften sie neben dem Beschenkten.

Der Anspruch ist der Höhe nach beschränkt auf das, was der Schenker zur Deckung seines Notbedarfs benötigt. Die beschenkte Person muss dem Hilfeträger also nicht gleich die ganze Immobilie überlassen, sie ist aber verpflichtet, die Summe auszugleichen, die der Hilfeträger zur Deckung des Notbedarfs aufgewendet hat.

GUT ZU WISSEN

Der Anspruch auf Rückforderung ist ausgeschlossen, wenn zu dem Zeitpunkt, in dem die Bedürftigkeit des Schenkers oder der Schenkerin eintritt, zehn Jahre seit der Schenkung vergangen sind.

Erbrechtliche Folgen der Schenkung

Die Übertragung einer Immobilie zu Lebzeiten im Wege der vorweggenommenen Erbfolge kann unter erbrechtlichen Gesichtspunkten insbesondere die Anrechnung auf den Pflichtteil und den Anspruch auf Ergänzung des Pflichtteils zur Folge haben.

Anrechnung auf den Pflichtteil: Wenn eine Person im Erbfall pflichtteilsberechtigt ist, muss sie sich eine Schenkung anrechnen lassen, falls der Schenker oder die Schenkerin zu Lebzeiten bestimmt hat, dass diese Zuwendung auf den Pflichtteil angerechnet werden soll. Das betrifft alle freiwilligen Zuwendungen, beispielsweise auch die Übereignung einer Immobilie im Wege der vorweggenommenen Erbfolge. Die Zuwendung ist allerdings nur dann auf den Pflichtteil anzurechnen, wenn der Erblasser oder die Erblasserin dies vor oder bei der Gewährung angeordnet hat. Die Anrechnungsbestimmung kann auch nachträglich widerrufen werden.

→ **TIPP**

Bei der Übertragung einer Immobilie im Wege der vorweggenommenen Erbfolge sollten Sie im Übergabevertrag eine eindeutige Regelung über die Pflichtteilsanrechnung treffen, um mögliche Zweifel von vornherein zu vermeiden.

Der Wert der Zuwendung wird bei der Bestimmung des Pflichtteils dem Nachlass hinzugerechnet. Maßgebend für den Wert der Zuwendung ist der Zeitpunkt, zu dem sie erfolgt ist. Die Schenkerin oder der Schenker kann auch einen niedrigeren Wert bestimmen.

BEISPIEL

Formulierungshilfe: Anrechnung auf den Pflichtteil

Der Erwerber hat sich den Wert des übertragenen Grundbesitzes auf seinen Pflichtteilsanspruch gemäß der Vorschrift von Paragraf 2315 BGB anrechnen zu lassen. Für die Bewertung des anrechnungspflichtigen Vorempfangs ist auf den Zeitpunkt der Umschreibung im Grundbuch abzustellen.

Anspruch auf Ergänzung des Pflichtteils: Die lebzeitige Übertragung einer Immobilie im Wege der vorweggenommenen Erbfolge ist häufig mit Pflichtteilsergänzungsansprüchen verbunden. Der Pflichtteilsergänzungsanspruch ist ein rechtliches Instrument, das den Schutz von pflichtteilsberechtigten Personen vor einer Aushöhlung ihres Pflichtteils durch Schenkungen des Erblassers oder der Erblasserin zu Lebzeiten gewährleisten soll. Durch den Anspruch wird der oder die Pflichtteilsberechtigte so gestellt, als ob die Schenkung nicht erfolgt und damit das Vermögen des Erblassers oder der Erblasserin durch die Schenkung nicht verringert worden wäre. Wie schon im Kapitel „Immobilie und Pflichtteil“ erläutert, findet eine Schenkung für die Berechnung des Ergänzungsanspruchs graduell immer weniger Berücksichtigung, je länger sie zurückliegt: Sind zehn Jahre seit der Leistung des verschenkten Gegenstands verstrichen, bleibt die Schenkung unberücksichtigt.

Steuerliche Folgen der Schenkung

Schenkungen unterliegen der Erbschaft- und Schenkungsteuer. Steuerpflichtig ist der oder die Beschenkte. Die Höhe der Steuer hängt vom Verwandtschaftsgrad zum Schenker oder zur Schenkerin und von der Höhe der Zuwendung ab. Den nahen Angehörigen, insbesondere dem Ehepartner und den Kindern des Schenkers oder der Schenkerin, stehen Steuerfreibeträge zu, innerhalb deren Grenzen keine Steuer anfällt. Schenkungsteuerfreibeträge können alle zehn Jahre voll ausgeschöpft werden (mehr dazu im Kapitel zuvor). Wer also ein großes Vermögen möglichst steuergünstig weitergeben möchte, sollte sich frühzeitig an die Planung machen.

→ **TIPP**
Es fällt keine Schenkungsteuer an, wenn Sie ein selbst genutztes Haus oder eine selbst genutzte Eigentumswohnung schenkweise an Ihren Ehepartner oder Ihre Ehepartnerin übertragen und sich in der Immobilie eine Wohnung befindet, die der Lebensmittelpunkt Ihrer Familie ist. Die Steuerbefreiung erfolgt unabhängig vom Wert der Immobilie.

Übergabevertrag

Soll eine Immobilie zu Lebzeiten im Wege der vorweggenommenen Erbfolge auf Familienangehörige übertragen werden, ist der Übergabevertrag der richtige rechtliche Rahmen. Von einem Testament oder Erbvertrag unterscheidet sich dieser Vertrag dadurch, dass die Person, die das Vermögen überträgt (im Folgenden Übergeber genannt), alle darin übernommenen Verpflichtungen zu Lebzeiten erfüllen muss. Für den Übergabevertrag gelten die gesetzlichen Regelungen des Erbrechts nicht. Zwar nimmt der Übergabevertrag häufig sachlich die Erbfolge vorweg, seine Wirksamkeit hängt aber nicht davon ab, dass der Empfänger der Zuwendung den Übergeber überlebt.

! ACHTUNG

Ist Vertragsgegenstand des Übergabevertrags eine Immobilie (zum Beispiel ein Wohnhaus oder eine Eigentumswohnung), muss der Vertrag notariell beurkundet werden. Ferner muss der Eigentumswechsel im Grundbuch eingetragen werden.

Um die mit einem Übergabevertrag verbundenen Risiken zu minimieren, sollte unter anderem bedacht werden, ob

→ eventuelle Grundschulden und ihnen zugrunde liegende Verbindlichkeiten des Übergebers vor der Übertragung der Immobilie gelöscht werden sollen oder ob die erwerbende Person (im Folgenden Erwerber genannt) diese übernehmen soll.

- der Erwerber verpflichtet werden soll, dass er als Gegenleistung für die Übereignung einen Ausgleichsbetrag zahlt (in diesem Fall muss auch die Fälligkeit geklärt werden).
- der Erwerber zur Zahlung einer monatlichen Rente verpflichtet werden soll.
- der Erwerber verpflichtet werden soll, dass er an bestimmte Familienangehörige eine Abfindung zu zahlen hat.
- der Erwerber zu Pflegeleistungen verpflichtet werden soll.
- die Immobilie oder Teile davon (zum Beispiel das Dachgeschoss) weiterhin durch den Übergeber genutzt werden sollen und er sich ein Wohnungsrecht oder einen Nießbrauch vorbehalten will.
- im Rückgabevertrag das Recht vorbehalten werden soll, die Übereignung der Immobilie unter bestimmten Umständen wieder rückgängig zu machen.
- die Übertragung der Immobilie auf den späteren Erbteil des Erwerbers angerechnet werden oder die Zuwendung ohne jegliche Ausgleichspflicht und Verrechnung im Todesfall erfolgen soll.
- die Übertragung der Immobilie auf den späteren Pflichtteil angerechnet werden soll.
- die Übertragung der Immobilie davon abhängig gemacht werden soll, dass der Erwerber auf sein Erb- und Pflichtteilsrecht verzichtet.

Vorweggenommene Erbfolge gegen Erb- und Pflichtteilsverzicht

Wenn der Erblasser seinen gesetzlichen Erben (insbesondere einem Kind) bereits zu Lebzeiten eine Immobilie übertragen hat, verlieren diese nicht automatisch ihr gesetzliches Erb- und Pflichtteilsrecht. Deshalb kann es notwendig sein, gesetzliche Erben, die bereits durch eine Schenkung ihren Erbteil erhalten haben, aus dem Kreis der gesetzlichen Erben auszuschließen. Als Gegenleistung für eine Schenkung kann dann ein Erb- und Pflichtteilsverzicht vereinbart werden.

Verwandte sowie der Ehepartner des Erblassers können durch Vertrag mit dem Erblasser auf ihr gesetzliches Erbrecht verzichten. Die verzichtende Person ist dann von der gesetzlichen Erbfolge ausgeschlossen, wie wenn sie zur Zeit des Erbfalls nicht mehr lebte. Sie hat auch kein Pflichtteilsrecht. Im Verzicht kann aber auch das Pflichtteilsrecht ausgenommen werden; in diesem Fall gehört der oder die Verzichtende nicht zu den gesetzlichen Erben, kann aber seinen oder ihren gesetzlichen Pflichtteil geltend machen.

Der Erb- und Pflichtteilsverzicht kann sich auch auf einen Bruchteil des Nachlasses beschränken, nicht aber auf einzelne Nachlassgegenstände.

→ TIPP

Der Erb- und Pflichtteilsverzicht erfolgt durch Vertrag. Der Verzichtsvertrag ist nur wirksam, wenn er notariell beurkundet wurde.

BEISPIEL

Formulierungshilfe: Erb- und Pflichtteilsverzicht gegen Abfindung

A [Name der verzichtenden Person] verzichtet hiermit für sich und seine Abkömmlinge gegen B [Name des Erblassers] auf sein gesetzliches Erb- und Pflichtteilsrecht.
B verpflichtet sich, an den Verzichtenden eine Abfindung in Höhe von _____ Euro zu zahlen. Der Verzicht erfolgt unter der aufschiebenden Bedingung, dass der Erblasser dem Verzichtenden die Abfindung zahlt.
B nimmt den Verzicht an.

Ist der Verzichtende ein Abkömmling oder ein Seitenverwandter des Erblassers, so erstreckt sich der Verzicht, wenn nichts anderes bestimmt wird, auch auf dessen Abkömmlinge. Grundsätzlich scheidet also der gesamte Stamm des Verzichtenden aus der gesetzlichen Erbfolge aus.

ACHTUNG

Unter Eheleuten im gesetzlichen Güterstand der Zugewinngemeinschaft (→ Seite 133) erstreckt sich ein Erbverzicht nicht automatisch auf den Anspruch auf Zugewinnausgleich. Trotz Erbverzicht kann also der Ehepartner den konkret errechneten (güterrechtlichen) Zugewinnausgleich verlangen.

Vorweggenommene Erbfolge gegen Abfindungs- und Ausgleichszahlungen

Wenn der Erblasser seine Erben wirtschaftlich gleich bedenken will, kann er die beschenkte Person im Übergabevertrag verpflichten, an die übrigen Erben Ausgleichszahlungen zu leisten. In diesem Fall liegt eine gemischte Schenkung vor. Dabei wird ein Vermögensgegenstand nicht vollständig unentgeltlich übertragen, sondern die Empfängerin oder der Empfänger erbringt dafür eine Gegenleistung wie beispielsweise Abfindungs- und Ausgleichszahlungen an andere Erben.

BEISPIEL

Dirk Leibnitz schenkt seinem Sohn Holger zu Lebzeiten im Wege der vorweggenommenen Erbfolge eine Eigentumswohnung mit einem Verkehrswert von 300.000 Euro und verpflichtet ihn, an seine beiden Geschwister jeweils eine Ausgleichszahlung in Höhe von 100.000 Euro zu leisten.

BEISPIEL

Formulierungshilfe: Ausgleichszahlung

Der Erwerber verpflichtet sich, an seine Schwester _____ (A) unter Anrechnung auf deren Pflichtteil am künftigen Nachlass des Übergebers einen Geldbetrag in Höhe von _____ Euro zu zahlen. Die Zahlung ist nach der Eigentumsumschreibung des Grundstücks _____ [konkrete Bezeichnung des Grundstücks] im Grundbuch fällig.
A kann die Abfindungszahlung nach Fälligkeit unmittelbar gegen den Erwerber geltend machen.

Vorweggenommene Erbfolge gegen Übernahme von Verbindlichkeiten und Grundschulden

Wenn auf der Immobilie, die Gegenstand des Übergabevertrags ist, eine Grundschuld lastet, kann der Übergeber bestimmen, dass der Erwerber diese Grundschuld einschließlich der ihr zugrunde liegenden Schuldverpflichtung übernimmt.

BEISPIEL

Formulierungshilfe: Übertragung von Grundschulden

Der Erwerber übernimmt anstelle des Übergebers die am Vertragsgegenstand in Abteilung III eingetragene Grundschuld über _____ Euro in dinglicher und persönlicher Hinsicht.

Die persönliche Übernahme der Verbindlichkeit durch den Erwerber kann im Wege der befreienden Schuldübernahme erfolgen. Damit tritt der Erwerber als Schuldner an die Stelle des Übergebers der Immobilie und der Altschuldner wird von der Schuld befreit. Die befreiende Schuldübernahme ist erst aber wirksam, wenn der Gläubiger ihr zugestimmt hat.

Sicherung der Lebensstellung bei vorweggenommener Erbfolge

Bei Schenkungen zu Lebzeiten geht der geschenkte Gegenstand in das Vermögen der oder des Beschenkten über. Sie als Schenker oder Schenkerin verlieren das Eigentum daran und damit jede Möglichkeit, darüber zu verfügen. Sie sollten deshalb darauf achten, dass Sie trotz Schenkung Ihre eigene Lebensstellung nicht gefährden. Dabei ist es besonders wichtig, an Ihre wirtschaftliche und persönliche Versorgung im Alter zu denken.

Vereinbarung von Nutzungsvorbehalten als Gegenleistung

Übertragen Sie als Eigentümer oder Eigentümerin zu Lebzeiten Ihr Haus oder Ihre Eigentumswohnung im Wege der vorweggenommenen Erbfolge, verlieren Sie damit zwangsläufig auch das Verfügungs- und Nutzungsrecht über die Immobilie. Deshalb kann es sinnvoll sein, dass Sie sich bei der Übertragung der Immobilie bestimmte Nutzungsrechte vorbehalten. Als Nutzungsvorbehalte kommen insbesondere der Wohnungsnießbrauch und das Wohnungsrecht in Betracht.

Wohnungsnießbrauch: Durch den Wohnungsnießbrauch wird dem oder der Berechtigten ein umfassendes Nutzungsrecht an der Immobilie eingeräumt, ohne dass er oder sie Eigentümer ist. Der Nießbrauch an einer Immobilie ermöglicht es dem Nießbraucher oder der Nießbraucherin, darin zu wohnen, sie zu vermieten oder auch anderen Personen die Nutzung zu überlassen. Der Nießbrauch erlischt mit dem Tod des Nießbrauchers oder der Nießbraucherin. Er ist also nicht vererblich.

Es ist wichtig, im Übergabevertrag eindeutig festzulegen, wer welche Kosten zu tragen hat. Der Nießbraucher oder die Nießbraucherin ist gesetzlich verpflichtet, die Immobilie zu erhalten. Ausbesserungen und Erneuerungen muss er oder sie nur dann vornehmen lassen, wenn sie zur sogenannten gewöhnlichen Unterhaltung gehören. Die außergewöhnliche Unterhaltung (zum Beispiel Erneuerung einer Elektroinstallation) ist Aufgabe des Eigentümers oder der Eigentümerin. Öffentliche Lasten, das heißt die regelmäßig wiederkehrenden Abgaben wie Grundsteuer, Straßenreinigung, Müllabfuhr usw., hat der Nießbraucher oder die Nießbraucherin zu tragen, dagegen bleiben die außerordentlichen Lasten (zum Beispiel Erschließungskosten und Anliegerbeiträge) beim Eigentümer oder bei der Eigentümerin. Das Gesetz verpflichtet den Nießbraucher oder die

Nießbraucherin außerdem, die Immobilie auf eigene Kosten zu versichern.

BEISPIEL

Formulierungshilfe: Wohnungsnießbrauch

Der Erwerber räumt dem Nießbraucher das lebenslange und unentgeltliche Nießbrauchrecht für die folgende Immobilie ein: _____ [genaue Bezeichnung des Grundstücks]. Das Nießbrauchrecht umfasst unter Ausschluss des Eigentümers sämtliche Räume der Erdgeschosswohnung des Wohnhauses _____ [genaue Bezeichnung des Anwesens].

Der Nießbrauchnehmer verpflichtet sich zu einem sachgemäßen Gebrauch der Immobilie.

Der Nießbrauchnehmer hat alle auf der Immobilie ruhenden öffentlichen und privaten Lasten zu tragen. Er ist darüber hinaus dazu verpflichtet, auf eigene Kosten für die Erhaltung des Wohneigentums zu sorgen. Außergewöhnliche Belastungen bleiben hiervon unberührt.

Wohnungsrecht: In einem Übergabevertrag kommt als Gegenleistung auch die Vereinbarung eines Wohnungsrechts in Betracht. Damit erteilt der Übergeber oder die Übergeberin einer Person die Erlaubnis, in einem Gebäude oder in einem Teil des Gebäudes zu wohnen und dort auch seine Familie aufzunehmen sowie gegebenenfalls Personen, die zu ihrer Pflege erforderlich sind. Zur Familie des oder der Wohnungsberechtigten gehört unter Umständen auch sein oder ihr nicht ehelicher Lebenspartner. Sonstigen Dritten darf er oder sie das Wohnungsrecht allerdings nur mit ausdrücklicher Zustimmung des Eigentümers überlassen.

ACHTUNG

Wie beim Nießbrauch wird beim Wohnungsrecht dem oder der Berechtigten ein Nutzungsrecht in der Form eingeräumt, dass die Person in der Immobilie wohnen darf. Im Unterschied zum Nießbrauchrecht darf sie aber keinen weiteren Nutzen daraus ziehen. Sie darf die Immobilie also beispielsweise nicht vermieten oder verpachten.

Die oder der Wohnungsberechtigte ist gesetzlich verpflichtet, die vom Wohnungsrecht erfassten Räume zu unterhalten. Er oder sie muss also insbesondere die gewöhnlichen Unterhaltungskosten (zum Beispiel Wasser, Abwasser, Müll, Strom) sowie die Kosten der laufenden Reparaturen tragen. Vertraglich kann allerdings eine davon abweichende Regelung getroffen werden. Die öffentlichen und privaten Lasten (zum Beispiel Grundsteuer, Versicherungen) hat laut Gesetz der Grundstückseigentümer zu tragen. Übergeber und Erwerber können aber davon abweichende Regelungen vereinbaren. Der Eigentümer ist gesetzlich nicht verpflichtet, eine außergewöhnliche Ausbesserung des Grundstücks oder Gebäudes auf seine Kosten vorzunehmen.

Im Rahmen des Übergabevertrags sollte eindeutig geregelt werden, welche Räume dem Wohnungsrecht unterliegen. Ferner sollte festgelegt werden, ob der Berechtigte nur mit seiner Familie die Wohnung nutzen oder ob er diese auch Dritten überlassen darf. Außerdem sollte festgelegt werden, wer die mit der Wohnung verbundenen Kosten zu tragen hat. Dabei geht es nicht nur um die laufenden Kosten, sondern insbesondere auch um außergewöhnliche Ausbesserungen wie Sanierungs- und Modernisierungsmaßnahmen.

Die wohnungsberechtigte Person darf die Wohnung nur persönlich mit ihrer Familie nutzen. Wenn sie pflegebedürftig wird, kann sie zwar Pflegepersonal in die Wohnung aufnehmen, sie darf die Wohnung aber nicht vermieten oder Dritten zur Nutzung überlassen, wenn sie sich ins Pflegeheim einweisen lässt. Im Pflegefall muss der oder die Berechtigte also auf die Nutzung der Wohnung verzichten und es stehen ihm oder ihr keine Einnahmen zu. Für diesen Fall sollte dann besser ein Nießbrauchrecht an der Immobilie eingeräumt werden.

Das Wohnungsrecht erlischt mit dem Tod des oder der Berechtigten. Als höchstpersönliches Recht ist es nicht vererblich. Es

BEISPIEL

Formulierungshilfe: Wohnungsrecht

Der Übergeber räumt _____ [Vor- und Familiennamen des Wohnungsberechtigten] das lebenslange und unentgeltliche Wohnungsrecht an dem Grundstück _____ [genaue Bezeichnung des Grundstücks] ein. Das Wohnungsrecht umfasst unter Ausschluss des Eigentümers sämtliche Räume der Erdgeschosswohnung des Wohnhauses _____ [genaue Bezeichnung der Immobilie]. Dem Berechtigten ist es gestattet, die zum gemeinschaftlichen Gebrauch der Hausbewohner bestimmten Anlagen und Einrichtungen, insbesondere den Keller, den Speicher und den Garten, mitzubenutzen.
Die Ausübung des Wohnungsrechts kann Dritten nicht überlassen werden. Für die Kostenverteilung gelten die gesetzlichen Regelungen.

erlischt nicht, wenn der oder die Berechtigte persönlich (zum Beispiel wegen des Aufenthalts in einem Pflegeheim) an der Ausübung gehindert ist. In dem Fall darf, wie erwähnt, die Familie dort wohnen bleiben.

Vereinbarung von Rentenzahlungen als Gegenleistung

Als Gegenleistung für die Übertragung einer Immobilie im Wege der vorweggenommenen Erbfolge kann der Übergeber mit dem Erwerber die Zahlung einer lebenslangen Rente vereinbaren. Dabei handelt es sich üblicherweise um eine sogenannte Leibrente, also eine wiederkehrende Zahlung, die bis zum Tod des Übergebers geleistet wird. Die Erteilung des Leibrentenversprechens bedarf der Schriftform. Festzulegen sind insbesondere die Höhe der Leibrente, der Beginn der Leistungspflicht und die Fälligkeit der jeweiligen Leistung. Die Leistung ist im Voraus zu entrichten. Eine Geldrente ist für drei Monate vorauszuzahlen.

→ TIPP

Wenn die Rente für den Lebensunterhalt des Übergebers benötigt wird, ist es sinnvoll, die Höhe an die allgemeine Preissteigerung zu koppeln und eine Wertsicherungsklausel in den Vertrag aufzunehmen. Nur dann bleibt die vereinbarte Rente wertbeständig.

Im Übergabevertrag sollte auch eine Regelung für den Fall aufgenommen werden, dass der Erwerber seine Zahlungspflichten nicht erfüllt. Indem sich der Übergeber vertraglich einen Rückforderungsanspruch vorbehält, kann er für diesen Fall vorsorgen.

Vereinbarung von Pflegeleistungen als Gegenleistung

Wenn Sie eine Immobilie zu Lebzeiten im Wege der vorweggenommenen Erbfolge übertragen wollen, sollten Sie unbedingt auch prüfen, ob und in welchem Umfang im Alter Ihre Pflege gewährleistet ist.

Um Ihre Versorgung im Alter zu sichern und die Pflege durch einen Familienangehörigen im häuslichen Bereich zu gewährleisten, kann im Übergabevertrag die Vereinbarung einer Pflegeverpflichtung sinnvoll sein. Dabei sollten Sie sich jedoch bewusst sein, dass man Pflegeleistungen letztlich nicht erzwingen kann. Allerdings kann eine Pflegeverpflichtung auch eingesetzt werden, um Pflichtteilsergänzungsansprüche (→ Seite 148) zu mindern. Eine Pflegeverpflichtung kann außerdem mit einem Wohnungsrecht verbunden werden.

Im Rahmen der Vereinbarung einer Pflegeverpflichtung sollten Sie insbesondere den Anlass der Pflege (Alter, Krankheit), den Ort der Pflege und den Umfang der Pflegeleistungen (zum Beispiel häusliche Pflege) regeln. Dies sollte so konkret wie möglich formuliert werden, um spätere Streitigkeiten zu vermeiden. Dabei kann es sinnvoll sein, eine Vereinbarung zu treffen, dass ein Dritter (zum Beispiel der behandelnde Hausarzt) verbindlich über den Eintritt des Pflegefalls und den Umfang der notwendigen Pflegeleistungen entscheidet.

Für den Fall, dass die Pflegeverpflichtung nicht oder schlecht erfüllt wird, können Sie sich als Übergeber oder Übergeberin im Übergabevertrag einen Rückforderungsanspruch vorbehalten. Alternativ kann auch eine Vertragsstrafe vereinbart werden.

Vorweggenommene Erbfolge gegen Vorbehalt von Rückforderungsansprüchen

Bei Nichterfüllung einer Auflage, bei Notbedarf und wegen groben Undanks steht Ihnen als Übergeber oder Übergeberin laut Gesetz ein Rückforderungsanspruch zu. Diese gesetzlichen Ansprüche sind allerdings auf eng begrenzte Fälle beschränkt. Deshalb kann es sinnvoll sein, dass Sie sich im Übergabevertrag vertragliche Rückforderungsansprüche vorbehalten. Sie erweitern damit Ihre begrenzten gesetzlichen Möglichkeiten, die geschenkte Immobilie zurückzufordern, und stellen sicher, dass Ihre Interessen gewahrt werden.

Denkbare vertragliche Rückforderungstatbestände in einem Übergabevertrag sind insbesondere:

→ der Tod des Erwerbers vor dem Übergeber,
→ die Geschäftsunfähigkeit des Erwerbers und Bestellung eines Betreuers,
→ ein Insolvenzverfahren über das Vermögen des Erwerbers oder die Ablehnung der Eröffnung mangels Masse,
→ die Anordnung der Zwangsvollstreckung oder Zwangsverwaltung über die Immobilie,
→ die Veräußerung oder Belastung der Immobilie durch den Erwerber ohne Zustimmung des Übergebers,
→ die Scheidung der Ehe zwischen dem Übergeber und dem Erwerber.

Anhang

Adressen

Verbraucherzentrale Baden-Württemberg e. V.
Paulinenstraße 47
70178 Stuttgart
T 0711 669-110
verbraucherzentrale-bawue.de

Verbraucherzentrale Bayern e. V.
Mozartstraße 9
80336 München
T 089 5527940
verbraucherzentrale-bayern.de

Verbraucherzentrale Berlin e. V.
Ordensmeisterstraße 15-16
12099 Berlin
T 030 214850
verbraucherzentrale-berlin.de

Verbraucherzentrale Brandenburg e. V.
Babelsberger Straße 12
14473 Potsdam
T 0331 298710
verbraucherzentrale-brandenburg.de

Verbraucherzentrale Bremen e. V.
Altenweg 4
28195 Bremen
T 0421 160777
verbraucherzentrale-bremen.de

Verbraucherzentrale Hamburg e. V.
Kirchenallee 22
20099 Hamburg
T 040 248320
vzhh.de

Verbraucherzentrale Hessen e. V.
Große Friedberger Straße 13–17
60313 Frankfurt/Main
T 069 972010-900
verbraucherzentrale-hessen.de

Verbraucherzentrale Mecklenburg-Vorpommern e. V.
Erich-Schlesinger-Straße 35
18059 Rostock
T 0381 20870-50
verbraucherzentrale-mv.eu

Verbraucherzentrale Niedersachsen e. V.
Herrenstraße 14
30159 Hannover
T 0511 911960
verbraucherzentrale-niedersachsen.de

Verbraucherzentrale Nordrhein-Westfalen e. V.
Helmholtzstraße 19
40215 Düsseldorf
T 0211 91380-1000
verbraucherzentrale.nrw

Verbraucherzentrale Rheinland-Pfalz e. V.
Seppel-Glückert-Passage 10
55116 Mainz
T 06131 28480
verbraucherzentrale-rlp.de

Verbraucherzentrale Saarland e. V.
Trierer Straße 22
66111 Saarbrücken
T 0681 500890
verbraucherzentrale-saarland.de

Verbraucherzentrale Sachsen e. V.
Katharinenstraße 17
04109 Leipzig
T 0341 69629
verbraucherzentrale-sachsen.de

Verbraucherzentrale Sachsen-Anhalt e. V.
Steinbockgasse 1
06108 Halle
T 0345 2980-329
verbraucherzentrale-sachsen-anhalt.de

Verbraucherzentrale Schleswig-Holstein e. V.
Hopfenstraße 29
24103 Kiel
T 0431 590990
verbraucherzentrale.sh

Verbraucherzentrale Thüringen e. V.
Eugen-Richter-Straße 45
99085 Erfurt
T 0361 555140
vzth.de

Verbraucherzentrale Bundesverband e. V.
Rudi-Dutschke-Straße 17
10969 Berlin
T 030 258000
vzbv.de

Weiterführende Informationen

Bücher

Bittler, Jan / Frey, Carina / Nordmann, Heike / Schuldzinski, Wolfgang: Das Vorsorge-Handbuch. Patientenverfügung, Vorsorgevollmacht, Digitaler Nachlass, Betreuungsverfügung, Testament. Verbraucherzentrale NRW, Düsseldorf 2025

Bretzinger, Otto N.: Richtig vererben und verschenken, Düsseldorf 2024

Bretzinger, Otto N.: Handbuch Testament. Textbausteine, Mustertestamente, Checklisten. Verbraucherzentrale NRW, Düsseldorf 2024

shop.verbraucherzentrale.de

Verbände und Organisationen

Deutsche Vereinigung für Erbrecht und Vermögensnachfolge e. V. (DVEV)
T 07265 913414
erbrecht.de

Deutscher Notarverein e. V. (DNotV)
T 030 20615740
dnotv.de

Bundesrechtsanwaltskammer (Anwaltssuche)
T 030 284939-0
brak.de/service/verbraucherinformationen/anwaltssuche

Stichwortverzeichnis

F

G

J

L

M

N

P

R

S

T

Bildnachweis
Umschlagfoto: Meinzahn/iStockphoto
Innen: stock.adobe.com: S. 4, 16: ArTo, S. 4, 70: Tiberius Gracchus, S. 5, 96: Andrii Yalanskyi, S. 5, 112: UniqGraphicX, S. 5, 86: Kara, S. 6, 154: Andrii Yalanskyi, S. 7, 138: Vittaya_25, S. 7, 170: Coloures-Pic, S. 7, 184: Vitaliy Hrabar, S. 8: detailfoto, S. 30: Andreas, S. 80: terat
iStock by Getty Images: S. 6, 126: JWackenhut

1. Auflage 2026

ISBN 978-3-86336-432-8 (Buch)
ISBN 978-3-86336-373-4 (E-Book EPUB)

Impressum

Herausgeber:
Verbraucherzentrale
Nordrhein-Westfalen e. V.
Helmholtzstraße 19,
40215 Düsseldorf
T 0211 91380-1555
ratgeber@verbraucherzentrale.nrw
verbraucherzentrale.nrw

Text:
Dr. Otto N. Bretzinger

Koordination:
Frank Wolsiffer

Lektorat:
Kristina Raub-Küster, Düsseldorf

Layout und Satz:
Lala Majidova, Düsseldorf
lav-ka.de

XML-Produktion:
pagina GmbH, Tübingen
pagina.gmbh

Umschlaggestaltung:
Designbüro Ute Lübbeke, Köln
LNT-design.de

Druck
AZ Druck und Datentechnik GmbH,
Kempten

Redaktionsschluss:
Januar 2026